Bauwelt Fundamente 81

Herausgegeben von Ulrich Conrads
unter Mitarbeit von Peter Neitzke

Beirat:
Gerd Albers
Hansmartin Bruckmann
Lucius Burckhardt
Gerhard Fehl
Herbert Hübner
Julius Posener
Thomas Sieverts

Stefan Polónyi

... mit zaghafter Konsequenz

Aufsätze und Vorträge zum Tragwerksentwurf 1961–1987

Friedr. Vieweg & Sohn Braunschweig/Wiesbaden

Um wirklich Neues zu denken
(auch in der Statik und Konstruktion),
reicht es nicht aus,
das bisher Gedachte in Frage zu stellen.
Unsere eigene Denkart,
uns selbst müssen wir in Frage stellen.
Ohne in die Vergangenheit zurückzukehren
und das Werden unseres Denkens zu verfolgen,
ist dies nicht möglich.   St. P.

Alle Rechte vorbehalten
© Friedr. Vieweg & Sohn Verlagsgesellschaft mbH, Braunschweig 1987

Umschlag:
Gutachten-Entwurf für die Bahnsteig-Vorhallen
des Kölner Hauptbahnhofs, 1987. Architekten Busmann + Haberer.
Keramion — Museum für zeitgenössische keramische Kunst —
in Frechen, 1970/71. Architekt: Peter Neufert.

Umschlagentwurf: Helmut Lortz
Layout: Olaf Prill
Gesamtherstellung: Wilhelm Möller KG, Berlin 28
Printed in Germany

ISBN 3-528-08781-1   ISSN 0522-5094

Inhalt

Denken — Konstruieren — Lehren.
Eine Vorbemerkung von Ulrich Conrads 6

Vorwort 9
Konsequenz in der Statik! *11*
Neue Aspekte im Stahlbeton-Schalenbau *17*
Konsequente Brandschutzmaßnahmen *35*
Die merkwürdige Denkart der Bauingenieure *47*
Konstruktionsirrtümer *55*
Überlegungen zum Holzbau *71*
Der Tragwerksingenieur und die modernen Architekturen *87*
Planen mit Mies van der Rohe — heute *93*
Der Tragwerksentwurf *105*
Einfluß der Wissenschaft auf das Bauwesen *125*

Zwei Rezensionen
Konstruktionsbeispiele (Zu Huxley und Wachsmann) *149*
Abschied von Bucky (Zu R. Buckminster-Fuller) *156*

Anhang
Veröffentlichungen *163*
Verzeichnis der wichtigeren Bauten *169*

Denken — Konstruieren — Lehren

Eine Vorbemerkung

Stefan Polónyi hält sich nicht lange mit Vorreden auf. Drei kurze Absätze, eine knappe Buchseite, genügen ihm, um uns an sein Denken und seine Erfahrungen als Tragwerksingenieur heranzuführen, soweit sich beides in der vorliegenden sparsamen Auswahl von Texten niedergeschlagen hat. Ich will ein wenig weiter ausholen, damit deutlich werde, warum plötzlich in der Reihe der Bauwelt-Fundamente das von Architekten nur selten mit sonderlichem Eifer diskutierte Thema *Tragwerksentwurf* auftaucht; und warum dazu gerade Polónyi das Wort gegeben wird. Das letzte ist am schnellsten begründet: er hat die Aufsätze in diesem Band durchweg für Architekten geschrieben, und auch die hier abgedruckten Reden hat er immer sowohl vor Fachkollegen als auch vor Architekten gehalten, vor einem ‚gemischten' Publikum also. Wir werden sehen, wie es ihm gerade darauf ankommt, nicht nur nach einer Seite und nicht nur für eine Seite zu sprechen. Zumal dann nicht, wenn er, wie in seinen letzten Vorträgen, seine Erfahrungen und Einsichten aus einer dreißigjährigen Tätigkeit als Konstrukteur und Lehrer zum besten gibt.
Das darf man getrost groß schreiben: zum Besten. Denn zum Besten, was zu Tragwerksentwurf und Tragwerkslehre und überhaupt zum Beruf des Tragwerksingenieurs letzthin gesagt worden ist, gehören diese Texte allemal. Obschon ihre relative Spröde, der Verzicht auf eingängige Umschreibungen und auf wohlklingende Worthülsen dem Leser — oder auch Zuhörer — Anstrengung abfordern. So angenehm in einer Zeit der grassierenden Profilneurosen auch die Abwesenheit von Pose und Selbstaufwertung ist, solch umwegloser Sachlichkeit ist man fast schon entwöhnt. Stefan Po-

lónyi motiviert uns sozusagen zwingend, gleich auf der Stelle, kaum daß man des Vortragenden ansichtig geworden ist, alle Aufmerksamkeit an seiner Person vorbei auf die von ihm behandelte Fragestellung zu richten. Um dann sehr schnell zu bemerken, daß er uns mehr, als uns vielleicht lieb ist, zu Mit-Fragenden gemacht hat. Wir erwarteten Auskünfte, und er stellt Fragen! Wen kann es zum Beispiel heute noch ernsthaft interessieren, daß nach der Aufspaltung des Berufs „Baumeister" in den des Architekten und den des Ingenieurs im Laufe des vorigen Jahrhunderts die Ingenieure sich, geleitet durch ein enges Verständnis von dem, was allein als „wissenschaftlich" zu gelten habe, auf die *Statik* zurückzogen und sich hinfort auch „Statiker" nennen ließen? Sind ihre Berechnungen deshalb falsch? Und provoziert heute die Frage, ob man sich so oder so, Statiker oder Ingenieur, nennen soll, nicht lediglich einen Streit um Kaisers Bart? Polónyi belehrt uns eines Besseren. Er belehrt uns, indem er weiter und genauer fragt. Er belehrt uns, indem er die eingefahrenen Denkschienen der Ingenieure an einer scharfsinnig erspähten Stelle verläßt. Er belehrt uns, indem er — scheinbar nur so für sich — von Mal zu Mal verschwiegene oder verdrängte Denkfehler aufdeckt, die die Ursache dafür sind, daß der Tragwerksingenieur noch immer nicht recht zu sich selbst kommen konnte und diese Berufsbezeichnung immer noch so etwas wie ein Fremdwort im allgemeinen Baubetrieb ist.

„Mit zaghafter Konsequenz" — sein eigener Titelvorschlag für diese Textsammlung — hat Stefan Polónyi Schritt für Schritt ein Berufsfeld abgesteckt, in dem die Dienstleistung, der besondere Dienst an der konstruktiven Qualität eines Bauwerks, nicht etwa plötzlich, aus einem Gefühl der Inferiorität heraus, zu einer eher beiläufigen Rolle wird, sondern ganz im Gegenteil zu einer eigenständigen, konstituierenden Entwicklungs-Leistung für das gemeinsam mit dem gestaltenden Architekten ins Auge gefaßte Werk. Architekt und Tragwerksingenieur finden wieder zu unverdächtiger, wenngleich durchaus komplizenhafter Partnerschaft. Diese Partnerschaft drückt sich — bei aller möglichen Unterschiedlichkeit der konzeptionellen Ansätze — nämlich vor allem darin aus, daß beide sich in gleicher Weise als Schaffende sehen und achten. Und es ist dieses bewußte Erleben gemeinsamer Arbeit, das jene Komplizenschaft, jene Solidarität stiftet, die es nicht weiter gestattet, den kalkulierenden Ingenieur und den Architekten als Gestaltgeber gegeneinander auszuspielen. Eine Person ist Zweck, nicht Mittel zum Zweck, konstatiert Polónyi und beruft sich damit auf Kant und Popper. Und diese Behauptung, so sagt er weiter, gelte es auch gegen den Dritten im Bunde, den Auftraggeber, durchzusetzen, dessen Machtposition in unserer erfolgsorientierten Gesellschaft ein ungestörtes Erleben des Schaffens beinahe vereitele. Zum Schaden des Werks. Polónyi fordert nicht mehr und nicht weniger als die Achtung vor der Persönlichkeit.

Dieses ebenso entschiedene wie unabweisbare Verlangen aber richtet er zuallererst an sich selbst. Und das macht ihn zu dem hervorragenden Lehrer und Pädagogen, der er ist. Ohne jede billige Anbiederung und ohne jeden Anschein von Herablassung teilt er die Ergebnisse seines bohrenden Nachdenkens und die reichen Früchte seiner Berufserfahrung unumwunden mit, und zwar so, daß sie von jedem, der mitdenkt, auffaßbar, umsetzbar werden für die je eigenen Belange. Auch wenn Polónyi zu uns in seiner Muttersprache reden könnte, ich bin sicher, er wäre und bliebe so oder so ein Mann der klaren, kurzen Sätze, der Behauptungs-Sätze; und er wäre so oder so der direkt und unverblümt Fragende, als der er auf dem Katheder wie auch mitten unter uns steht. Seine Disziplin heißt Sachlichkeit. Seine Sachlichkeit heißt konstruktive Phantasie. Das schließt Zorn und Unmut nicht aus. Einer, der wie er mit ruhiger Geduld zuzuhören weiß, um die Ideen und Vorstellungen seiner Gesprächspartner zu verstehen, darf darauf pochen, daß man auch ihm zuhöre mit jener gespannten Aufmerksamkeit, die seine Materie verlangt. Stefan Polónyi hat etwas zu sagen, und er weiß das. Und die Architekten wissen, daß sie gut daran tun, mit so jemandem im Gespräch zu bleiben.

Ulrich Conrads

Vorwort

Wahrscheinlich haben sich nur wenige Bauingenieure so häufig in der Bauwelt zu Wort gemeldet wie ich. Es war von Anfang an mein Bestreben, die Architekten anzusprechen, ihnen die Möglichkeiten des Tragwerksentwurfs aufzuzeigen und sie vor allem auf die konsequente Ausbildung der Tragwerke hinzuweisen. Diese Hinweise waren jedoch zaghafter Natur, da ich einerseits nie versucht habe, einem Architekten eine bestimmte Konstruktion, die er nicht mittragen wollte, einzureden, und da ich andererseits, um die gewünschte architektonische Aussage zu erreichen, auch selbst oft von der „konsequenten" Ausbildung der Tragkonstruktion abgewichen bin. Dabei handelt es sich freilich nicht um ein Abweichen von der konsequenten Lösung in statischer Hinsicht, sondern um das Verfolgen einer bestimmten Entwurfsauffassung.
Diese Entwurfsauffassung vertrat ich schon immer, aber sie konnte erst ganz allmählich formuliert werden, nachdem sie sich durch wiederholte Erfahrung derselben Art bei zahlreichen Bauten bestätigt hatte. Ihre Grundzüge sind bereits in der 1961 erschienenen Rezension von Wachsmanns Buch „Wendepunkt im Bauen" erkennbar. Später begann ich, nach den Ursachen unseres Technik- und Architekturverständnisses zu suchen, und beschäftigte mich gezielt mit bestimmten Gebieten der Philosophie, zugegebenermaßen tendenziös. Es schien mir wichtig, mich von den Zwängen der tradierten Denkart zu befreien. Erst nachdem mir die Entwicklung, die zu dieser Denkart geführt hatte, einigermaßen klar geworden war, konnte ich meine technischen Überlegungen bewußter vertreten und weiter verfolgen. Freilich ziehen sich diese Gedanken durch viele meiner Vorträge, die dann vorwiegend in der Bauwelt veröffentlicht wurden. So erklären sich die wörtlichen Wiederholungen langer Passagen, die sich bei einer derartigen Zusammenstellung nicht vermeiden lassen und für die ich den Leser um Verständnis bitte.
Ich danke Herrn Dr. Conrads für die Idee und die damit verbundene Mühe, meine Aufsätze zusammengefaßt zu publizieren, und Herrn Dr. Walochnik für die Aufbereitung der Texte und das Zusammenstellen des Bildmaterials.

Stefan Polónyi   im Juni 1987

Stefan Polónyi

	geboren am 6. Juli 1930 in Gyula/Ungarn
1952	Diplom für Bauingenieurwesen an der Technischen Universität Budapest; Assistent/Wissenschaftlicher Mitarbeiter
seit 1957	Ordentlicher Professor für Tragwerkslehre an der Technischen Universität Berlin
seit 1966	Ingenieurbüro in Berlin; Prüfingenieur für Baustatik
1968—69	Wahlsenator der TU Berlin
1970	Dekan der Fakultät für Architektur
seit 1973	Ordentlicher Professor für Tragkonstruktionen an der Universität Dortmund; Mitbegründer der Abteilung Bauwesen; Zuständig für den Studiengang „Konstruktiver Ingenieurbau"
1977	Europäischer Stahlbaupreis
1978	Europäischer Stahlbaupreis
1977—78	Senator der Universität Dortmund
1978	Prorektor der Universität Dortmund
1985	Ehrendoktor der Gesamthochschule/ Universität Kassel
1983—87	Dekan der Fakultät Bauwesen der Universität Dortmund
1987	Europäischer Stahlbaupreis

Konsequenz in der Statik!

Die Mathematik ist Modeartikel geworden. Sie wird mißbraucht zur Dokumentierung der Wissenschaftlichkeit. Die Mathematik wird auch auf solchen Gebieten angewandt, die nicht einmal mit Zahlen, cm, kg und sec gemessen werden können. Unserem ästhetischen Empfinden werden mit unmathematischer Art die mathematischen Methoden aufgezwungen. Die Mathematik ist Aberglaube geworden.[1]
Wie konnte es dazu kommen?
Die Mathematik wird auch dort, wo sie angebracht ist, unmathematisch, unlogisch angewandt. Man schwört auf Zahlen, ohne zu überlegen, woher sie stammen. Man führt komplizierte, elegante Berechnungen durch, ohne auch nur einmal daran zu denken, ob die Annahmen, die Grundlagen stimmen. Ein Berechnungssystem ist aufgebaut worden; besser gesagt: entstanden – denn von einem Aufbau kann man nicht sprechen; es ist ständig gewachsen, und als man die falschen Grundlagen und die Willkür der Annahmen bemerkte, war die Methode schon so verbreitet und aufgezwungen, daß man die neuen Erkenntnisse der Praxis nur in den notwendigsten Fällen durch neue Paragraphen einbezogen und damit die Inkonsequenz der Vorschriften nicht gemildert, sondern nur bestätigt hat.[2]
Findet man sich schon damit ab, daß die Statik auf Annahmen beruht, so besteht ihr gegenüber doch eine ganz bescheidene Forderung: Konsequenz in den Annahmen und im Aufbau.
Zuerst müssen wir die Forderungen, die wir an unsere Konstruktionen stellen, überlegen; man muß erforschen, wie weit diese erfüllbar sind und

die Forderungen unseren Möglichkeiten anpassen. Wir müssen klar unsere Grenzen sehen; dadurch hüten wir uns vor dem Selbstzweck eines mathematischen Abenteuers.

Von den Tragwerken wird gefordert, daß sie die Belastung mit einer gewissen Sicherheit tragen. Die Sicherheit wird mathematisch durch folgende Formel ausgedrückt:

$$v = \frac{A}{B}$$

wobei A die Beanspruchung des unerwünschten Zustandes, B die effektive oder rechnerische Beanspruchung der Konstruktion bedeutet. Hierbei soll

$$v > 1 \text{ sein.}$$

Um diese Definition der Sicherheit kritisch zu betrachten, ist erst der Wert von A zu prüfen. Vorläufig soll der Zustand des Tragwerkes, der mit A bezeichnet ist, unbeachtet bleiben und nur das Verfahren zu seiner Bestimmung untersucht werden. A ist allgemein ein Mittelwert mehrerer Meßergebnisse bzw. ein aus diesem abgeleiter Wert. Haben die Meßergebnisse eine regelmäßige (Gaußsche) Verteilung, wie allgemein angenommen wird, dann wird klar, daß v wiederum nur ein Mittelwert ist und somit keine effektive Sicherheit, sondern nur eine rechnerische Sicherheit bezeichnet. So bedeutet diese Sicherheit, daß bei jedem n-ten Tragwerk der nicht erwünschte Zustand auftritt. „n" ist im allgemeinen eine sehr große Zahl, die von der Streuungszahl des A (allgemein mit „h" bezeichnet) abhängig ist.

Daher wäre statt der selbsttrügerischen Frage: „Wievielfache Sicherheit sollen unsere Tragwerke besitzen?" die folgende Fragestellung korrekter: „Bei wievielen Tragwerken ist einmal das Auftreten des ungünstigen Zustandes mit all seinen ethischen und ökonomischen Folgen zu verantworten?"

Bei der Beurteilung dieser Frage sind erst die möglichen Schäden beim Auftreten dieses Zustandes zu prüfen.

Der Zusammenbruch einer Talsperrenmauer z. B. kann die Vernichtung mehrerer Städte, Dörfer zur Folge haben. Das Sinken eines Maschinenfundamentes richtet nur Sachschaden an. Ohne Zweifel muß bei einer Talsperrenmauer die Zahl „n" bedeutend höher gewählt werden als im

zweiten Fall. Das Entstehen eines plastischen Gelenkes kann bei einem statisch unbestimmten Stahlträger nur das Abplatzen des Anstriches hervorrufen, ohne daß er dabei die Tragfähigkeit verliert. Das Fließen in der äußeren Faser führt noch nicht zur Zerstörung der Konstruktion. Daraus folgt, daß in erster Linie das Auftreten des Bruchzustandes bzw. der Zerstörung und dann erst das Auftreten anderer Schäden (z. B. Durchbiegungen usw.) in Betracht zu ziehen sind.[3]
Bei Aufstellung der statischen Berechnung müssen folgende Faktoren berücksichtigt werden:
1. Unsicherheit der Belastung.
2. Unsicherheit des Materials.
3. Ungenauigkeit in der Ausführung.
4. Unsicherheit der Berechnungsverfahren.

Diese Unsicherheiten sind mit Sicherheitsfaktoren zu kompensieren, und zwar dort, wo diese auftreten. Das bedeutet:
1. Die Belastung der Tragwerke setzt sich aus Eigengewicht und Nutzlast zusammen. Das Eigengewicht läßt sich ziemlich genau ermitteln. Bei Stahlkonstruktionen ist die ungünstige Walztoleranz durch einen Faktor zu berücksichtigen, z. B. 1,05 bzw. 0,95. Bei Holz zeigt das Eigengewicht bei denselben Holzarten auch größere Unterschiede und eine starke Abhängigkeit von der Feuchtigkeit. Um das zu berücksichtigen, ist z. B. ein Faktor von 1,10 bzw. 0,90 angebracht. Ebenso ist das Eigengewicht des Betons vom Kies, vom Verdichten – proportional zur Güte – beeinflußt. Beim Stahlbeton kommt noch das Gewicht der Stahleinlagen hinzu, das bei der Berechnung der Beanspruchungen noch nicht festliegt und dessen genaue Ermittlung wegen seines geringen Einflusses unzweckmäßig wäre. Hier ist z. B. auch ein Faktor in der Größe von 1,1 bzw. 0,9 zu empfehlen usw. Die Nutzlast kann, je nach ihrer Beschaffenheit, verschiedene Schwankungen zeigen. Bei einem Wasserbehälter ist die Belastung genau zu ermitteln. Demgegenüber sind die Lasten bei Brücken, Wohnhäusern usw. nicht so genau festzustellen. Dementsprechend wendet man Korrektionsfaktoren an. Die Gesamtbelastung ist in der Formel enthalten:

$$q = ng + mp$$

hierbei bedeuten: n und m die Unsicherheitsfaktoren des Eigengewichtes und der Verkehrslast.

2. Die gegebenenfalls entstehenden Materialfehler müssen bei den in Rechnung gestellten sogenannten Grenzspannungen berücksichtigt werden (diese Grenzspannungen sind bedeutend höher als die üblichen zulässigen Spannungen, da hier nur die Unsicherheit der Materie und nicht auch alle anderen Unsicherheiten zusammengefaßt werden).
3. Die Auswirkung einer eventuellen Ungenauigkeit der Ausführung muß vom Ingenieur von Fall zu Fall überlegt und in die Berechnung eingesetzt werden.
Zum Beispiel: Die Verschiebung der Armierung in ungünstiger Richtung (0,5–1,0 cm) bei Stahlbetonkonstruktionen kann beim Einsetzen der Nutzhöhe (h) berücksichtigt werden. Bei solchen Konstruktionen, wo die Verschiebung durch besondere Maßnahmen ausgeschlossen ist – wie das allgemein bei Fertigteilkonstruktionen der Fall ist –, fällt diese Höhenverminderung aus. Bei der Knickzahl (ω) ist eine eventuelle Anfangsexzentrizität einzukalkulieren.
4. Zum Schluß können mit einem Faktor die eventuellen Ungenauigkeiten der Berechnungsmethode bzw. die Ergebnisse eines Modellversuches korrigiert werden. Dieser Korrekturfaktor wird meist auf Grund der Grenzfälle festgelegt (das ist eine schon gewissermaßen praktizierte Methode).

Diese vier Faktoren sind so zu bestimmen, daß die Wahrscheinlichkeit der Beschädigung des Tragwerkes den oben erwähnten ethischen und ökonomischen Forderungen entspricht.
Die erlaubte Wahrscheinlichkeit der Beschädigung des Tragwerkes ist von der Art der Beschädigung und von dem Zweck, wozu es errichtet wird, abhängig, und es ist klar, daß sie vom statischen System des Tragwerkes unabhängig sein soll. Das bedeutet mit anderen Worten: dem selben Zweck dienende Bauten müssen gleiche Wahrscheinlichkeit des Versagens unter der Belastung besitzen, auch im Falle, daß ihre Systeme verschiedenfache statische Unbestimmtheiten aufzeigen.
Unsere Baustoffe sind nicht ideal elastisch, sondern haben über eine bestimmte Spannung (Fließgrenze) hinaus plastische Eigenschaften. Das Versagen des Tragwerkes tritt bei elastisch-plastischen Materialien nicht mit dem beginnenden Fließen in einem Querschnitt ein. Deshalb sollen in der Berechnung nicht mit fiktiven, idealisierten Zuständen Vergleiche aufgestellt werden, sondern mit den tatsächlichen, unerwünschten.

Diese Ausführungen wollten sich nicht eingehender mit einzelnen Fragen der statischen Berechnung befassen. Das Ziel war nur, ein schon seit Jahren in der Luft liegendes Berechnungssystem zu skizzieren, das die konsequente Gestaltung moderner, stoffgerechter Konstruktionen ermöglicht und fördert.[5]

Aus: Bauwelt, Heft 8/1961

Anmerkungen:

[1] Vgl.: „gestern heute morgen" von Ulrich Conrads, Bauwelt Nr. 47, 1960.
[2] Z. B.: DIN 1045 § 29 Ziff. 2. Die 10%ige Abminderung der Momente bei kreuzweise bewehrte Platten.
[3] Z. B.: Empfehlenswert ist auch bei schmalen, stark armierten Unterzügen ein Nachweis nach Saliger.
[4] Erste Veröffentlichung, die die neuen Gedanken aufwirft: Kazinczy, 1914.
[5] Die Vorschriften einiger Länder sind bereits mehr oder weniger konsequent auf diese Basis umgestellt worden.

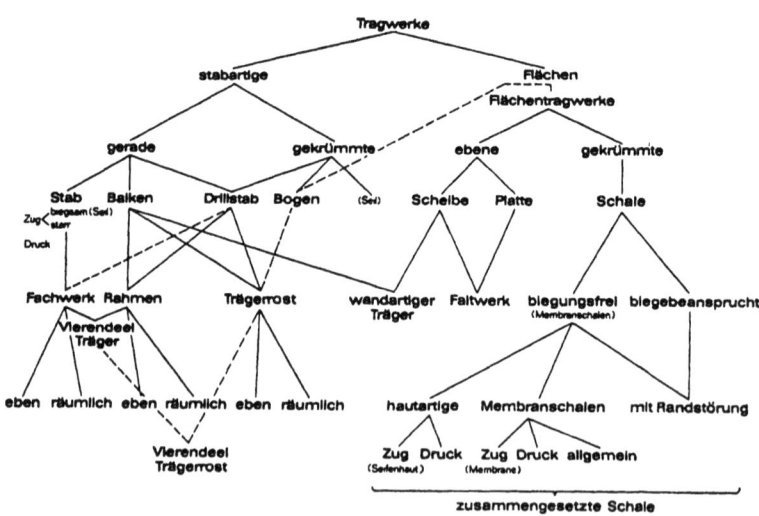

1 Einteilung der Tragwerke

Neue Aspekte
im Stahlbeton-Schalenbau

Einleitung

Die statischen Konstruktionen können nach ihrer geometrischen Form und Tragwirkung eingeteilt werden. Die Schalen können biegungsfrei und biegebeansprucht sein. Die biegungsfreien Schalen können hautartig sein — darunter versteht man, daß die Spannungen in jedem Punkt und jeder Richtung der Schale annähernd konstant sind. Ist die Spannung Zug, dann handelt es sich um eine Seifenhaut. Für den Stahlbeton kommen jedoch hauptsächlich die auf Druck beanspruchten in Frage, womit wir uns später sehr ausgiebig befassen wollen. Die Membranschalen tragen ihre Belastung nur mit Längskräften, die in derselben Schale von Punkt zu Punkt und in den verschiedenen Richtungen veränderlich sind und verschiedene Vorzeichen haben können. Ist die Schnittkraft in der gesamten Schale nur Zug, dann spricht man von einer Membrane.
Die biegungsfreien Schalen können Randstörungen haben: Störung der Längskräfte durch unterschiedliche Dehnung des Schalenrandes und des anschließenden Randträgers und Biegestörung durch Einspannung des Schalenrandes in den Randträger. Ebenso treten bei zusammengesetzten Schalen Störungen auf. Man strebt möglicherweise eine biegungsfreie Tragwirkung an. Das soll aber nicht bedeuten, daß eine auf Biegung beanspruchte Schale unbedingt zu vermeiden ist. Wenn architektonische oder andere Gesichtspunkte es verlangen, kann eine auf Biegung beanspruchte Schale ihre Berechtigung haben.
Die geometrische Form spielt in erster Linie bei der Herstellung eine große Rolle, nämlich bei der Schalung. Schalungstechnisch können die Flächen in drei Gruppen eingeteilt werden:

a) Ebenen oder aus Ebenen zusammengesetzte Flächen: Faltwerke.
b) Flächen mit geraden Erzeugenden. Mathematisch gesehen ist jeder Punkt dieser Flächen parabolisch oder hyperbolisch. Sie können mit Brettern oder Latten geschalt werden.
Diese Flächen sind sogenannte Regelflächen: Zylinder, Kegel, hyperbolisches Paraboloid, einschaliges Hyperboloid, Konoid, Torsionsfläche und andere.
c) Flächen ohne gerade Erzeugende.
Die Schalung dieser Flächen kann
α) aus krummen Flächenteilen (Blech, Kunststoff) zusammengesetzt — besonders bei Fertigteilen,
β) aus kleinen Elementen zusammengesetzt,
γ) eine auf eine Annäherungsfläche aufgebrachte Putzschicht (Gips, Zementmörtel usw.),
δ) eine pneumatisch gehaltene Haut sein.
Da die wirtschaftlichste und überwiegend übliche Schalung aus Holz gemacht wird, werden bei Schalen, der Funktion des Raumes oft ungeachtet, die Regelflächen bevorzugt. Ebenso wird wegen der Schalung oft nicht die günstigste statische Form gewählt. Das bedeutet, daß dem Stahlbeton eine Form aufgezwungen wird, die dem Holz, nicht aber dem Stahlbeton eigen ist.
Es war unser Bestreben, von dieser Formbildung loszukommen. Da heutzutage in der Bundesrepublik dünne Schalen am wirtschaftlichsten und exaktesten im Spritzbetonverfahren betoniert werden, bot sich die Lösung an, die Bewehrung aufzuhängen und sie mit einem Drahtgewebe zu versehen. Dieses Drahtgewebe wird zuerst von oben, anschließend von unten torkretiert. Nach dem Erhärten des Betons werden die Drähte durchgeschnitten und das Gerüst abgebaut. Auf diese Art ist es möglich, Schalen von beliebiger Form wirtschaftlich herzustellen. Dieser Versuch wurde erstmalig mit den Bauunternehmungen Gerlach und Torkret GmbH, beide in Essen, bei der Überdachung eines Fahrradabstellplatzes gemacht.
Da durch die Schalung keine Formbindung mehr besteht, war jetzt zu untersuchen, wie die statisch günstigste Form für Stahlbeton-Schalen aussieht. Bisher wurde beim Entwerfen der Schalenkonstruktionen zuerst die Form der Schalen festgelegt, dann wurden die Schnittkräfte ermittelt. Nun soll der umgekehrte Weg begangen werden: Zuerst werden die Rand-

bedingungen festgelegt, es wird die Belastung ermittelt und eine Schnittkraftbedingung angenommen, und erst daraus wird die Form errechnet. Trotzdem bleibt für die architektonische Gestaltung ein weiter Spielraum.
Offensichtlich ist die günstigste Schnittkraftbedingung diejenige, bei der in der Schale unter der dominanten Belastung – im allgemeinen Eigengewicht und Schnee – nur Druckkräfte entstehen, deren Größe in jedem Punkt und in jeder Richtung konstant oder annähernd konstant ist. Die Schalen, bei denen diese Bedingung erfüllt ist, nennt man druckbeanspruchte hautartige Schalen.

Berechnung von hautartigen Schalen

Die Schnittkraftbedingung – die Schnittkräfte sind in jedem Punkt und in jeder Richtung konstant – ergibt die Ideal-Seifenhaut-Fläche. In diesen Schalen entstehen keine Schubkräfte. Das hat zur Folge, daß die Fläche sich auf die Belastung immer normal einstellen wird. Bei parallel gerichteter Belastung würde also eine auf die Lastrichtung normal eingestellte Ebene mit unendlich großen Schnittkräften entstehen. (Daß die Seifenhaut uns eine andere Form zeigt, ist darauf zurückzuführen, daß sie doch gewisse Schubspannungen aufnehmen kann.) Da wir es bei Überdachungen mit parallel gerichteten dominanten Belastungen zu tun haben, ist für uns die Ideal-Seifenhaut-Bedingung unbrauchbar. Deshalb wird man die Bedingung – die Schnittkraft ist in jedem Punkt der Fläche und in jeder Richtung konstant – umändern, und zwar in die Bedingung: die Grundrißprojektion der Schnittkräfte soll in jedem Punkt der Fläche gleich sein. Bei flachen Schalen liefert diese Bedingung Schnittkräfte, die keine großen Unterschiede aufweisen. Bei steileren Schalen bzw. Schalenbereichen wird der Unterschied bedeutend. Da die zulässige Spannung in den meisten Fällen bei Schalen nicht voll ausgenutzt werden kann, haben diese Schnittkraftabweichungen keine Unwirtschaftlichkeit zur Folge. Falls erforderlich, ist es möglich, durch Änderung der Schalendicke konstante Spannungen zu erreichen.
Die umgeänderte Schnittkraftbedingung kann mit einer einzigen Differentialgleichung erfüllt werden; hierbei sind nur die Höhen der Schalenpunkte unbekannt. Die Lösung der partiellen Differentialgleichung zweiter Ordnung ist nur bei bestimmten Randbedingungen leicht.

2

3

4

*2 Kirche St. Mariä Himmelfahrt
in Erkrath-Unterbach bei Düsseldorf
Architekt: Josef Lehmbrock, Düsseldorf*

*Das Kirchendach besteht
aus vier
hyperbolischen Paraboloidschalen,
von denen die beiden vorderen
größer sind als die hinteren.
Dadurch liegt der Kreuzungspunkt
der Grate über dem Altar.
Über dem Altarraum ist eine Öffnung
von etwa 10 m x 10 m.
Hier lagert ein Randrahmen auf vier
Stützen. Über der Öffnung liegen
vier hyperbolische Paraboloidschalen
auf dem Randrahmen.
Die geknickte Form der Stahlbeton-
Seitenwände ermöglicht die Aufnahme
der horizontalen Kräfte
aus den Gratträgern*

*3 Schalterhalle der U-Bahn-
Haltestelle Lübecker Straße in Hamburg.
Architekten: H. Sandtmann und
F. Grundmann, Hamburg*

*Die Schale ist eine Kugelkalotte,
die durch fünf
lotrechte Kreiszylinder
aus der Kugel ausgeschnitten ist.
Die Achse der Zylinder liegt bei
den Außenkanten der fünf Stützen,
ihr Radius ist identisch
mit der Entfernung der Außenkante
der gegenüberliegenden Stützen.
Die Stützen haben die Form
eines Pyramidenstumpfes.
Sie sind oben mit dem breiten Ende
in die Schale eingespannt
und unten gelenkig gelagert*

4 Faltwerk in Maracaibo

*5 Wohnhaus Neufert in Köln
Architekt: Peter Neufert, Köln*

*Die Schale ist eine an sechs Punkten
gelagerte Zylinderschale.
Die Fundamente sind mit
Spannbetonzugbändern miteinander
verbunden, die in den
Kellerwänden liegen. Die Randbereiche
der Schale arbeiten über der Stütze
als wandartige Träger.
Die Leitkurve der Zylinderschale wurde
von dem Architekten angegeben.
Sie konnte durch die Gleichung
$R = 6,0 \left(1 + 3,8/4/\mu l\right)$ erfaßt werden.
Diese Gleichung ist eine Klothoide
(Spinnkurve, $\chi\lambda\omega\beta\omega$ = ich spinne).
Die Schale wurde nicht isoliert, sondern
lediglich mit einem Kunststoffanstrich
gestrichen; deshalb sollte eine
weitgehende Rißfreiheit angestrebt
werden. Wenn es kalt ist, liegt
die Schale auf der Mittelwand auf*

6 Versuch im Materialprüfungsamt Jerusalem
Foto: Gonsior

7 Einschaliges Hyperboloid als balkenartige Schale von W. J. Silberkuhl

8 Kirche St. Suitbert in Essen-Überuhr
Architekt: Josef Lehmbrock, Düsseldorf
Zur Überdachung der im Durchschnitt 38 m großen Spannweite wurde eine hyperbolische Paraboloidschale gewählt

9 *Kirche St. Hedwig in Oberursel*
Architekt: Hein Günther, Frankfurt

*Die Erzeugenden der Fläche
liegen in der Normalebene
der (parabolähnlichen) Leitkurve und
schließen mit der Ebene der Leitkurve
einen konstanten Winkel*

10 *Konoidschale aus flachen Ziegeln
auf dem Pfarrhaus der Sagrada Familia
in Barcelona von Gaudi, 1909 (!)*

*11 Pneumatisch gehaltene Haut als Schalung
Architekt: E. Noyes*

*12 Die elliptische Fertigteilschale ist ein Ausschnitt aus einem Kreisring, der mit Randrippen versehen ist. Bei der Vergrößerung der Spannweite wächst die Konstruktionshöhe
(GBM Nr. 1849442)*

*h gleichbleibend
H ändert sich mit der Länge der Schale
B bei Werksanfertigung = 2,50 m
a gleichbleibend*

13 Die Schalungsfläche der U-Bahn-Schalterhalle Lübecker Straße in Hamburg

14 Betonieren der Schale der Kirche St. Suitbert in Essen-Überuhr im Torkret-Verfahren

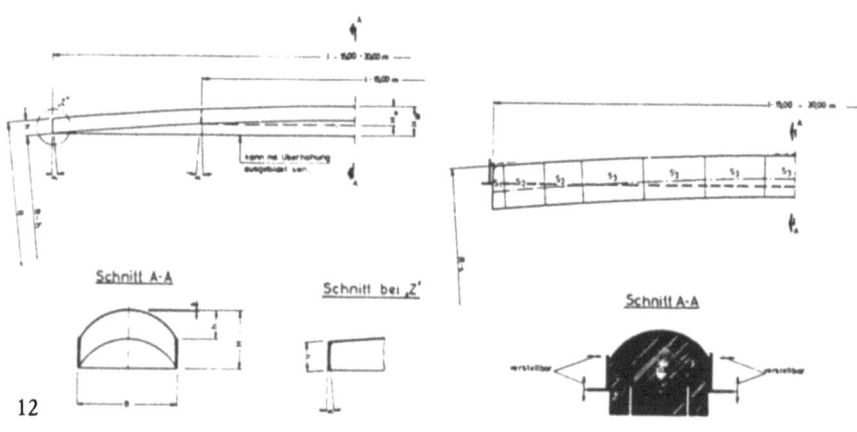

*15 Kirche San José Obrero in Monterrey, Mexico
Architekten: Felix Candela,
Enrique de la Mora y Palomas, Fernando Lopez Carmona*

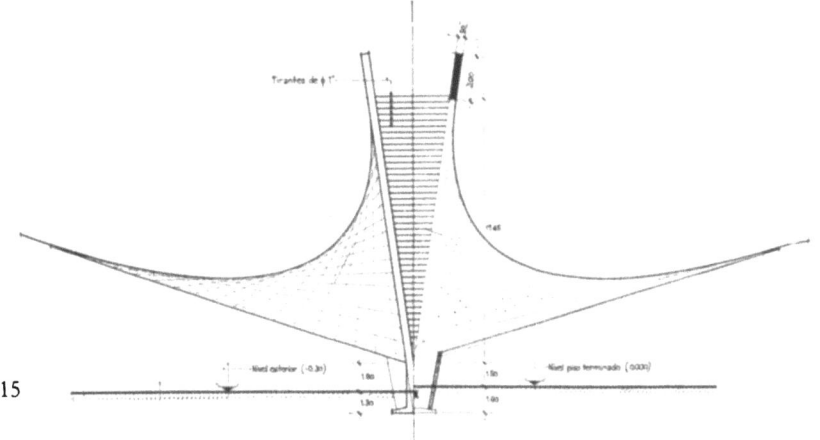

*16 Berechnung von hautartigen Schalen.
Die umgeänderte Schnittkraftbedingung
kann mit einer einzigen
Differentialgleichung erfüllt werden*

*Die Gleichgewichtsgleichung
für jeden Gitterpunkt
kann für quadratische Gitter in
einfacher Form aufgeschrieben werden*

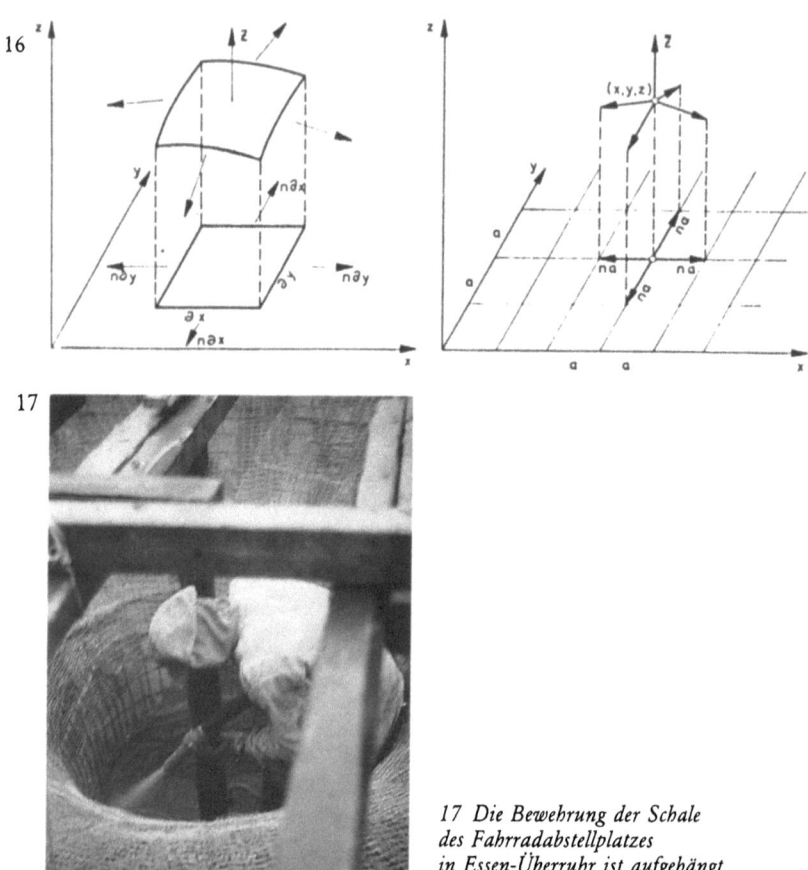

*17 Die Bewehrung der Schale
des Fahrradabstellplatzes
in Essen-Überruhr ist aufgehängt.
Das auf die Bewehrung gespannte
Drahtgewebe bildet die Schalung.
Hierauf wird der Beton gespritzt*

Da es bei der Festlegung der Schalenfläche nur auf die Höhen gewisser Punkte eines Grundrißnetzsystems ankommt, braucht nicht ein kontinuierliches mathematisches Modell angenommen zu werden (das, mit infinitesimalen Methoden gelöst, die Ordinaten liefert); durch die Verwendung diskreter mathematischer Modelle können diese direkt bestimmt werden.

Man denkt sich die Schalenfläche durch ein Stabnetzwerk ersetzt und untersucht die Gleichgewichtsbedingungen seiner Gitterpunkte. Dabei ist es erforderlich, die Flächenlast durch in den Gitterpunkten wirkende konzentrierte Kräfte zu ersetzen.

Da die horizontalen Komponenten der Schnittkräfte bereits durch die Grundbedingung im Gleichgewicht sind, erhält man für jeden Gitterpunkt nur eine einzige Gleichgewichtsgleichung, die für quadratische Gitter in sehr einfacher Form aufgeschrieben werden kann. Ebenso können die Gleichgewichtsgleichungen der Gitterpunkte für polare oder andere beliebige Koordinatensysteme gebildet werden.

Die Schalen können auch mit biegungsfreien – also nur auf Zug oder Druck beanspruchten – Randgliedern ausgestattet werden, jedoch müssen sie infolge der Bedingung der konstanten horizontalen Projektion der Schnittkräfte im Grundriß Kreisbogenform haben. Die Grundrißprojektion der Kraft in dem Randglied ist $S = n\, r_o$; hierbei bezeichnet n die horizontale Schnittkraftkomponente und r_o den Radius der Grundrißprojektion des Randgliedes. Für die Berechnung kann dieses Randglied ebenfalls durch ein gelenkartiges Stabsystem ersetzt werden, beim Aufschreiben der Gleichgewichtsgleichung der Knotenpunkte sind wiederum die Höhen der Punkte unbekannt.

Die Gleichgewichtsbedingung eines jeden Gitterpunktes liefert eine Gleichung zur Bestimmung einer Unbekannten, nämlich der Höhe. Zusammen bilden sie ein inhomogenes lineares Gleichungssystem mit ebenso vielen Unbekannten wie es Gitterpunkte gibt.

Das Gleichungssystem kann mit Hypermatrizen gelöst und auch für Elektronen-Rechengeräte programmiert werden. Außerdem kann es durch Iterationsverfahren gelöst werden. Die Höhen der einzelnen Punkte werden dabei frei angenommen, jedoch empfiehlt es sich, diese entsprechend der Form der zu erwartenden Fläche zu wählen. Danach beginnt die Untersuchung, ob diese Höhen die Gleichgewichtsgleichungen erfüllen. Das wird nur selten der Fall sein. Durch eine Korrektur der Höhe des untersuchten Punktes kann das Gleichgewicht hergestellt werden. Diese Korrekturen werden so lange von Punkt zu Punkt durchgeführt, bis die Gleichung für jeden Punkt der Fläche erfüllt ist.

Das vorgenannte Verfahren läßt sich beschleunigen, wenn man zunächst die Punkte eines gröberen Gitters bestimmt, dann Zwischenwerte eines engen Gitters schätzt und die Höhen korrigiert.

Besondere Eigenschaften der hautartigen Schalen

Aus der Grundbedingung folgt:
1. Je flacher die Schale, desto größer ist die Schnittkraft.
2. Durch die Multiplikation der Höhen sämtlicher Punkte einer hautartigen Schale mit einer beliebigen Zahl ändert sich nur die Größe der Schnittkraft, die Grundbedingung bleibt weiterhin erfüllt. Bei einer Lagerung in verschiedener Höhe müssen die Höhen der Lager ebenfalls multipliziert werden. Will man die Proportion der Schale unter Beibehaltung der Lagerungshöhen ändern, so sind die Höhen neu zu ermitteln.
3. Ränder mit Kreisbogengrundriß, deren Gewicht die Schale selbst belastet (das heißt: die Höhen der einzelnen Punkte werden nicht vorher festgelegt, sondern der Grundbedingung entsprechend ermittelt), bekommen nur Zug- bzw. Druckbeanspruchungen.
4. Randträger, deren Höhe gebunden ist und die Kreisbogengrundriß haben, bekommen aus der horizontalen Komponente nur Zug- bzw. Druckbeanspruchung; die lotrechte Komponente muß – je nach Lagerung des Randträgers – durch Biegung und Torsion aufgenommen bzw. in die Wand geleitet werden.
5. Bei der Durchdringung zweier hautartiger Schalen, deren horizontale Schnittkraftkomponenten gleich groß sind, müssen nur lotrechte Kräfte durch einen Gratträger aufgenommen werden.
6. In Bereichen, die in der Nähe von Rand- bzw. Gratträgern liegen, entstehen durch die unterschiedlichen Dehnungen des Randgliedes und der Schale Randstörungen, die hier einen von der Grundbedingung abweichenden Membranspannungszustand hervorrufen, diese Störungen verursachen jedoch in der Regel keine besonderen Probleme.
7. In Bereichen, die in der Nähe von Rand- bzw. Gratträgern liegen, können auch aus ungewollter Einspannung Biegestörungen auftreten, die jedoch wegen der geringen Biegesteifigkeit der Schale sehr klein sind.

8. Kleine Abweichungen von der exakten Form bedeuten lediglich eine von der Grundbedingung abweichende Schnittkraftverteilung. Die Schale bleibt weiterhin im Membranspannungszustand.

Experimentelle Lösung

Die Bedingung annähernd gleich großer Schnittkräfte kann durch ein Gummifolienmodell leicht erfüllt werden. Den gewünschten Randbedingungen entsprechend, wird eine Gummifolie mit konstanter Dicke und in der Fläche mit gleichem E-Modul an Randgliedern befestigt. Dabei soll die Folie in einem gleichmäßig gespannten Zustand sein. In den Netzpunkten werden nun der Belastung proportionale Gewichte aufgehängt. Die Durchhängung der Folie muß abgetastet und zahlenmäßig festgehalten werden. Schalen, die der so angenommenen Form proportionale Höhen haben und deren Belastung der Lastverteilung des Versuches entspricht, erfüllen die Schnittkraftbedingung. Je nach Art der Randbefestigung entstehen hier Störungen, die aber keinen besonderen Einfluß auf die Formgebung haben. (In den Farbenfabriken Bayer, Leverkusen, ist mit besonderer Unterstützung von Dipl.-Ing K. Metz, Dipl.-Ing. Hoppe und Dr. Rosenthal eine Versuchseinrichtung geschaffen worden, mit der F. U. Mucke für verschiedene Schalenformen Messungen vornimmt.) Die Ermittlung der Schalenform mit Hilfe des Gummifolienversuches hat den Vorteil, daß die Form für den Architekten sofort sichtbar und deshalb gestalterisch zugänglich ist. Die ästhetischen Auswirkungen der Randbedingung oder Laständerung sind sofort zu erkennen.
Die Gummifolie kann in belastetem Zustand mit Hartmoltopren von 2 bis 3 mm Dicke ausgespritzt werden, wodurch man ein Modell sowohl für die ästhetische Beurteilung als auch für weitere Unternehmungen (siehe Abschätzung der Einflüsse der zusätzlichen Lastfälle) gewinnen kann.

Planung von hautartigen Schalen

Die Planung von hautartigen Schalen besteht aus folgenden Schritten:
a) Festlegung der Randbedingungen (Lagerung und Abgrenzung der Fläche),
b) Festlegung der horizontalen Komponente der Schalenkräfte n (mit besonderer Rücksicht auf die Lagerung),

c) Wahl des Netzes,
d) Ermittlung der Belastung,
e) Aufstellung des Gleichgewichtsgleichungssystems und dessen Lösung bzw. Durchführung des Gummifolienversuches.
f) Falls die Höhe der Schale nicht den Erwartungen entspricht, kann sie durch Variierung von n (Horizontalkomponente der Membrankräfte) geändert werden: Zum kleinen n gehört eine steile, zum großen eine flache Schale. Sind die Lagerungen in der gleichen Höhe, so können die Niveaus proportional korrigiert werden. Das gleiche Verfahren kann verwendet werden, wenn die Lagerpunkte ebenfalls proportionale Niveauänderungen erfahren können. Ist dieses nicht der Fall, so muß die Ermittlung der Höhen mit neuen n wiederholt werden.
g) Ermittlung der Schnittkräfte und der Spannungen in der Schale aus der horizontalen Komponente n.
h) Abschätzung der Beulgefahr.
i) Abschätzung der Einflüsse der zusätzlichen Lastfälle.

Zu h)
Abschätzung der Beulgefahr

Das Beulen von Schalen ist leider noch ein nicht ausreichend geklärter Problemkomplex. Für Kuppelschalen bedient man sich der Formel

$$P_{kr} = \alpha \, E \, \frac{d^2}{R_1 \, R_2}$$

wobei E den Elastizitätsmodul, d die Schalendicke, R_1 und R_2 die Hauptkrümmungsradien und α einen Beulbeiwert bedeuten. Die Bestimmung des Beulbeiwertes auf theoretischem Wege stößt, abgesehen von den mathematischen Problemen, auf die schwierige Festlegung der Ausgangsbedingungen. So bleibt nur die Möglichkeit, diesen Wert empirisch zu ermitteln. Der Beulbeiwert ist unter anderem abhängig von der Form und den Randbedingungen der Schale sowie vom Material und der Genauigkeit der Ausführung. Da die Homogenität des Baustoffes und auch das Schwinden und Kriechen einen bedeutenden Einfluß haben, ist es auch kaum möglich, den Wert für Stahlbetonschalen durch Modellversuche zu bestimmen. Gewisse Erfahrungen und Versuche liegen praktisch nur für Schalen mit konstanten Hauptkrümmungsradien (Kugelkalotte, Zylinder) und nur bei idealer Belastung vor (gleichmäßig verteilte normale oder zur Hauptachse parallele Belastung). Das Problem bei asymmetrischer Belastung (Wind) ist noch völlig unerforscht.

Vorläufig empfiehlt es sich, den Beulbeiwert für Stahlbetonschalen – gemäß den Versuchen von Torroja und Csonka – um 0,05 anzunehmen und die Untersuchung im Scheitelbereich durchzuführen. (Bei einigen Modellversuchen von H. Schmidt lag die Beulstelle in Randnähe, was sich durch die Randstörungen [G. Franz] erklären läßt, dazu kam, daß die Belastung in diesem Bereich auch eine zu der Fläche normale Richtung hatte.) Als allgemeine Regel darf gelten: Die Beulgefahr kann durch größere Schalendicke, Erhöhung der Schale, Anordnung von Rippen verringert werden.

Zu i)
Abschätzung der Einflüsse der zusätzlichen Lastfälle

Durch die Bestimmung der Schalenform nach der Bedingung der hautartigen Schalen sind die Beanspruchungen infolge der dominanten Belastung – das heißt in den meisten Fällen: Eigengewicht und Schnee – bekannt. Der Einfluß des Windes bedarf einer zusätzlichen Untersuchung. Bei flachen Schalen über geschlossenen Bauten sind die durch den Wind hervorgerufenen Beanspruchungen im Verhältnis zu denen, die infolge dominanter Belastung auftreten, gering. Da bei Schalenbauten die zulässigen Spannungen allgemein weit unterschritten werden, genügt es meistens, die von der Windlast hervorgerufene Spannung zu schätzen:
1. durch die Proportion der dominanten Belastung und der Windlast. (Diese Methode ist nur bei solchen Flächen anwendbar, bei denen die Richtung der Windlast von der Richtung der dominanten Belastung nicht stark abweicht);
2. durch Vergleichsrechnung einer ähnlich geformten, aber mathematisch erfaßbaren Schale oder
3. durch die sogenannte Resultierendenmethode.
Dabei errechnet man nicht die Schnittkräfte, sondern ihre Resultierenden. Man nimmt diese in den extremen Lagen an und schätzt dann die Verteilung der Schnittkräfte.

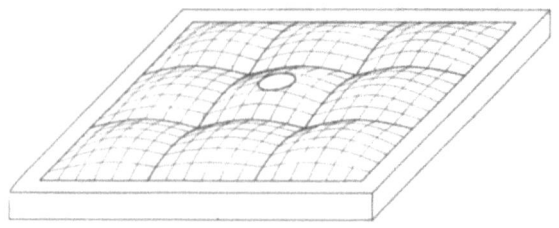

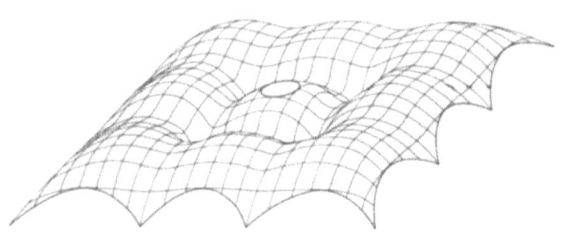

18 Hautartige Schale über quadratischem Raster. Das Dach des umlaufenden Traktes nimmt die horizontalen Komponenten der Schalenrandkräfte auf.
Bei den Durchdringungslinien der Flächen sind Bögen anzuordnen, die aus den Schalen infolge dominanter Last nur lotrechte Belastung erhalten

19 Punktförmig gelagerte hautartige Schale über Rechteckraster. Infolge dominanter Belastung bekommen die Randglieder nur axiale Druckbeanspruchung.
Ihre Grundrisse sind Kreisbögen

20 Die Schale des Fahrradabstellplatzes in Essen-Überruhr.
Unter der dominanten Belastung sind die horizontalen Komponenten der Schnittkräfte in jedem Punkt und in jeder Richtung konstant.
Dicke der Schale und Stütze 5 cm

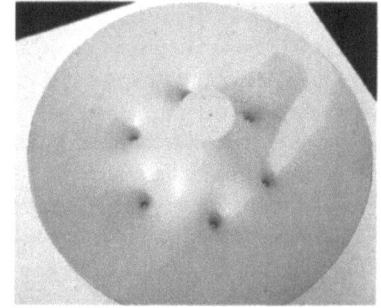

Bei hohen Schalen mit großen freien Auskragungen ist bereits die Annahme der Windbelastung problematisch, weil der Formbeiwert für diese Flächen durch die Vorschriften nicht geregelt werden kann. Ein Versuch im Windkanal ist deshalb bei solchen Schalen sowieso üblich.
Ermittelt man die Form mit einem Gummifolienversuch, so besteht die Möglichkeit, das Modell für den Windkanalversuch durch Aufspritzen einer 2 bis 3 mm dicken Hartmoltoprenschicht auf die Folie herzustellen. An diesem Modell kann man im Windkanal direkt die Dehnungen infolge Windlast messen und daraus die Spannungen ermitteln.

Anwendungsformen von hautartigen Schalen

Die obigen Darlegungen zeigen, daß durch die entsprechende Wahl der Randbedingungen und der Schnittkraftgröße dem Architekten unbeschränkte gestalterische Möglichkeiten offenstehen.
Zum Schluß wollen wir noch einige Beispiele zur Verwendung von hautartigen Schalen zeigen, die besonders für Räume mit homogener oder wechselnder Funktion geeignet sind.
Bei der ersten Lösung ist das Dach des umlaufenden Traktes so auszubilden, daß es die Lagerkräfte der Schale aufnehmen kann. Bei dem An-

21 Projekt einer Flugzeughalle. Die Schale ist an sechs Punkten gelagert

22 Der äußere Randträger der Flugzeughalle ist infolge der dominanten Belastung auf Zug, der innere ist auf Druck beansprucht

schluß der Schalenfelder ist jeweils ein Bogen erforderlich, der infolge dominanter Last lediglich lotrechte Belastung bekommt.
Es ist jedoch auch möglich, die Schale ohne Anschlußrippe und biegesteifen Randträger zu konstruieren. Die Randträger sind im Grundriß Kreisbögen, wodurch sie aus der dominanten Belastung ausschließlich auf Längskräfte beansprucht werden.
Die beiden weiteren Beispiele sind für Räume mit gerichteter Funktion gedacht. Die Schale über dem Fahrradabstellplatz ist eine Rotationsschale, deren Meridian so ermittelt wurde, daß die Bedingung der hautartigen Schalen erfüllt ist.
Das Projekt des Hangars weist ebenfalls eine hautartige Schale auf. Wegen der Form der neuen Düsenflugzeuge schien ihre radiale Anordnung vorteilhaft, wobei die Stützen weit herausgeschoben werden können. Die Halle kann von der zentralen Stelle leicht überwacht werden.
Die Schale liegt auf sechs kleinen Kreisen, die – als Auflager der trichterförmigen Schalenstützen – als Randbedingung angenommen wurden. Als weitere Randbedingungen wurden die Durchmesser der inneren und äußeren Begrenzungskreise sowie die Höhe der letzteren festgelegt. Daraus konnte die Form und die Größe der Horizontalkomponente der Schnittkräfte ermittelt werden.
Auch für Räume mit dominanter Funktion bieten die hautartigen Schalen den Architekten die Möglichkeit, die raumbegrenzende Fläche so auszubilden, daß sie die Funktion des Raumes zum Ausdruck bringt.

Aus: Bauwelt, Heft 32/1965

Literatur

Egerváry V., E. *Lovass-Nagy:* Diskrete Modelle in der Mechanik und ihre Berechnung mit neueren Hilfsmitteln der Matrizentheorie, Berlin 1958.
Girkmann, K.: Flächentragwerke. Springer-Verlag, Wien 1959.
Joedicke, J.: Schalenbau. E. Krämer-Verlag, Stuttgart 1962.
Marcus, H.: Die Theorie elastischer Gewebe und ihre Anwendung auf die Berechnung biegsamer Platten. Springer-Verlag, Berlin 1924.
Otto, Frei – *Trostel,* Rudolf: Zugbeanspruchte Konstruktionen. Ullstein-Verlag, Berlin 1962.
Pelikán, J.: Tartószerkezetek (Tragkonstruktionen) II. 2. Felsöoktalási Jegyzesellátó-V. Budapest 1959.
Polónyi, S.: Schalen und ihre Randträger. Deutsche Bauzeitschrift 3/1965.
Proceedings of the Symposium on Shell Research Delft, August 30 – September 2, 1961. North Holland Publishing Company – Amsterdam.

Konsequente
Brandschutzmaßnahmen

Die Landesbauordnungen verweisen die Probleme der Brandschutzmaßnahmen mit den Bemerkungen „... wenn wegen des Brandschutzes Bedenken nicht bestehen ..." oder „... wenn dies nach der Art ihrer Benutzung wegen des Brandschutzes erforderlich ist ..." in den Ermessensbereich der Beamten der örtlichen Bauaufsichtsämter. Diese Handhabung ist weder notwendig, da, nachfolgend dargestellt, durch eine logisch aufgebaute Vorschrift eine generell gültige Regelung gefunden werden kann, wodurch der Ermessensbereich auf Auslegungen eingeschränkt wird, noch ist sie zweckmäßig, da der Informationsstand, die Fähigkeit, logisch zu denken, die Bereitschaft, vom Üblichen abweichende Entscheidungen zu treffen, die Angst, Präzedenzfälle zu schaffen, bei den zuständigen Beamten äußerst verschieden und daher die Ergebnisse sehr unterschiedlich sind.

Die Inkonsequenz der Brandschutzvorschriften ist allzusehr ins Auge stechend, jedoch finden sich gewisse Parallelen in den sonstigen – auch statischen – Erlassen. Man hat nämlich auch dort versäumt, eine wissenschaftlich begründete Definition des Sicherheitsbegriffes einzuführen und darauf die Vorschriften aufzubauen. Nun ist dieser Mangel erkannt und auch ein Ausschuß für Sicherheitsfragen gegründet worden, der in späterer Phase seiner Arbeit auch die Probleme der Einflüsse von Bränden mit erfassen soll.

Die Basis für die vorschriftliche Regelung müßte etwa wie folgt aufgebaut werden:

Die tragenden Bauteile, Tragwerke, müssen für die vorgesehene Benutzungsdauer gegen die mit einer festzulegenden Wahrscheinlichkeit zu erwartenden Einflüsse beständig sein.

Diese Einflüsse können sein:
- *mechanische Einflüsse*
  ○ statische Beanspruchungen
  ○ dynamische Beanspruchungen
- *atmosphärische Einflüsse*
  ○ Wind (wird auf mechanischen Einfluß zurückgeführt)
  ○ Temperatur (auch bei nichtatmosphärischer Ursache, wird bei mechanischen Einflüssen erfaßt)
  ○ Feuchtigkeit
  ○ kosmische Strahlung
- *chemische Einflüsse*
- *Fauna, Flora*
- *Brand*

Beständigkeit gegen die Beanspruchungen:
Infolge der zu erwartenden Belastung sollen die Grenzzustände auch unter den zu erwartenden sonstigen Einflüssen mit einer zu bestimmenden Wahrscheinlichkeit nicht auftreten.

Die statischen Belastungen sind:
- ständige Lasten
- Verkehrslasten
- Zwängungen
  ○ Schwinden
  ○ Kriechen
  ○ Temperatur

Die Grenzzustände sind:
- Verlust des statischen Gleichgewichtes
- Bruch
- Risse
- Instabilität
  ○ Knickung
  ○ Kippung
  ○ Beulung
- Übermäßige Formänderungen, die die Benutzbarkeit des Bauwerkes in Frage stellen.

Nach dieser Analogie muß die Beständigkeit der Tragkonstruktion gegen Brand definiert werden. Der Begriff Beständigkeit ist hier nicht identisch mit F 90 nach DIN 4102.
Die Definition könnte lauten:
Infolge der zu erwartenden Einflüsse des Brandes sollen gewisse Grenzzustände auch unter den zu erwartenden sonstigen Einflüssen mit einer zu bestimmenden Wahrscheinlichkeit nicht auftreten. Hier sind zuerst die zu erwartenden Brandeinflüsse, wie etwa in DIN 18 230 Entwurf, vorgesehen, und die gleichzeitig zu erwartenden sonstigen Einflüsse, z. B. statische Belastung, zu bestimmen.

Bezüglich der statischen Belastung dürfte man nicht von den in DIN 1055 (Lastannahme für Bauten) Blatt 3–5 vorgeschriebenen Verkehrslasten ausgehen, sondern von einer Last, deren tatsächliches Auftreten wahrscheinlich ist. Hierfür liegen statistische Auswertungen, z. B. für Wohnräume, aus Ungarn, Schweden und den USA vor. Unsere Wohnungsnutzung dürfte der in Schweden und den USA etwa gleichkommen. Diese ergeben eine Verkehrslast von 30 kp/m^2 als Mittelwert, und nur 1 % der Fälle liegt über 55 kp/m^2. Das heißt, daß die mittlere Belastung nur 20 % der in der DIN 1055 für die Bemessung maßgebend vorgeschriebenen Last beträgt. Diese Prozentsätze müßte man für jede Nutzung extra bestimmen. Es ist offensichtlich, daß sie bei Lagergebäuden erheblich höher liegen. (Man würde dadurch zwei Verkehrslastgruppen einführen, und zwar Bemessungslast und Gebrauchslast. Die Bemessungslast wäre mit den Lasten, die in DIN 1055 festgelegt sind, identisch.)

Die Grenzzustände (Versagen des Tragwerkes: Verlust des statischen Gleichgewichts, Bruch, Instabilität) müssen im Zusammenhang mit der Benutzungsdauer, hier Rettungsdauer, gesehen werden, und es ist selbstverständlich, daß hier sämtliche Brandschutz- und -bekämpfungsmaßnahmen in die Überlegungen einbezogen werden müssen.

Die „Wahrscheinlichkeit" richtet sich nach Art bzw. Folgen der Beschädigung bzw. des Grenzzustandes, also nach der Funktion des Bauwerkes und des Bauteiles. Die Wahrscheinlichkeit muß ethisch und ökonomisch vertretbar sein [1].

Es ist ja selbstverständlich, daß die Fragen der Wahrscheinlichkeit nur an Hand von ausreichendem statistischen Material beantwortet werden können. Leider liegt bezüglich der Bauschäden allgemein so etwas nicht vor. Für Brandschäden ist die Situation besser, jedoch sind die Erhebungen nicht ausreichend, um darauf eine vorschriftliche Regelung in geschlossener Form aufzubauen. Daher wird es unumgänglich sein, für eine Übergangszeit, bis entsprechende statistische Werte vorliegen und ausgewertet sind, Festlegungen zu treffen, die den obigen Grundsätzen und/aber dem bisher vorliegenden Standard entsprechen.

Im folgenden soll untersucht werden, welche Forderungen sich aus dem so formulierten Sicherheitsbegriff für die Brandschutzregelung und die diesbezüglichen vorrangigen Forschungsaufgaben ergeben.

Es muß noch einmal hervorgehoben werden, daß es sich hier um eine ethische und ökonomische Frage handelt. Das heißt, die Aufwendungen müssen mit dem erzielten Effekt in Relation gesetzt werden, und daher ist es auch nicht möglich, daß in diesen Fragen ein kleiner Kreis von Spezialisten die Entscheidungen trifft. Es ist vielmehr erforderlich, daß die Spezialisten überprüfbare Zahlen bezüglich Aufwendungen und Effekt der Gesellschaft bzw. deren Vertretern zur Entscheidung vorlegen.

Dabei muß man von folgenden Überlegungen ausgehen:
Der Schutz bezieht sich auf
- Personen
    o Benutzer
    o Retter
- Sachwerte
    o die in Gebäuden untergebracht sind bzw. werden können
    o das Gebäude selbst
    o Nachbarbauten bzw. -bauabschnitte

Welche Schutzmaßnahmen kommen in Frage?[2]
- *Fluchtwege*
- *Brandabschnitte*
- *selbsttätige Löschanlagen*
- *Wärme- und Rauchabzugsanlagen*
- *Alarm- und Sprechanlagen*
- *Einschränkungen der brennbaren Stoffe im Ausbau und bei der Benutzung*
- *Feuerwiderstandsfähigkeit der Tragkonstruktion*

Fluchtwege

Die Fragen, die dabei geklärt werden müssen, sind:
- Fluchtwege in eine Richtung oder mindestens in zwei Richtungen?
- Wohin müssen die Fluchtwege führen?
- Länge der Fluchtwege
- Kosten der Fluchtwege in Abhängigkeit von ihrer Art (innen- oder außenliegende) und vom Gebäudetyp.

Da ohne Zweifel die Fluchtwege die wichtigsten Schutzmaßnahmen für Personen bedeuten, dürften hier die Kosten[3] kaum zu ihrer Einschränkung Anlaß geben.

Brandabschnitte

Die Brandabschnitte sollen das Ausbreiten des Feuers verhindern und den Feuerlöschkräften die Brandbekämpfung ermöglichen bzw. erleichtern, weshalb sie vorwiegend als Schutz für Sachwerte angesehen werden.

Die Brandabschnittsbegrenzungen, wenn sie wirksam sein sollen, dürfen keine ungenügend geschützten Durchbrüche haben. Hier sind folgende Probleme zu untersuchen:
- Größe der Brandabschnitte in Abhängigkeit von der Nutzung
- Abgrenzung dere Brandabschnitte durch
  - Wände
  - (selbsttätige Löschanlagen)
- Kosten der Brandabschnittsabgrenzung und Abschätzung der Sachwerte, die durch diese Maßnahme geschützt werden.

Selbsttätige Löschanlagen

Die selbsttätigen Löschanlagen können Schutz für Personen und zum Teil für Sachwerte einschließlich des Gebäudes bieten. Hierzu sind folgende Probleme zu untersuchen:
- Effektivität des Personenschutzes
- Wert der Schutzmaßnahmen für Sachen
- Zuverlässigkeit der Funktion der Anlagen und die dazu erforderliche Wartung.

Es wird wohl richtig sein, daß diesen Anlagen in Zukunft mehr Bedeutung zugemessen wird, da sie einen echten Schutz gewähren im Gegensatz zu einigen zur Zeit geforderten Maßnahmen, deren Effektivität sich lediglich auf den Schutz der Retter beschränkt und auch diesen Schutz nur zum Teil gewährleistet.

Wärme- und Rauchabzugsanlagen

Sie bieten Schutz für Personen und ermöglichen ihre Flucht bzw. Rettung. Sie haben deshalb große Bedeutung, da der größte Teil der Personen, die bei Bränden umkommen, infolge der Rauchgase sterben bzw. durch diese an der Flucht gehindert werden. Eine statistische Auswertung der Todesursachen bei Bränden könnte die Bedeutung dieser Anlagen sicherlich unterstreichen.

Eine systematische Untersuchung über die Ausbildung und Errichtung von solchen Anlagen wäre insbesondere für mehrgeschossige Bauten vonnöten.

Alarmanlagen

Die Alarmanlagen in Zusammenhang mit Sprechanlagen haben große Bedeutung für Personen, die sich in den nicht vom Brand betroffenen Geschossen eines Gebäudes befinden. Dadurch wird rechtzeitige Flucht ermöglicht, und es können notwendige Anweisungen gegeben werden. Hierzu müßten entsprechende Systeme entwickelt werden, die auch bei fortgeschrittenem Brand in den nicht vom Brand betroffenen Bereichen ihre Funktionsfähigkeit behalten.
Die Kosten dieser Anlagen wären deshalb von Bedeutung, da diese zu den Kosten der Maßnahmen für die Feuerwiderstandsfähigkeit der Bauteile in Relation gesetzt werden müssen, denn durch die Alarm- und Sprechanlagen könnte eine rechtzeitige Räumung des Gebäudes erreicht werden, wodurch in vielen Fällen, zum Beispiel bei zwei- bis dreigeschossigen Gebäuden, die Forderungen bezüglich der Feuerwiderstandsfähigkeit der Bauteile niedriger gesetzt werden können. Selbstverständlich müssen dabei die Gesichtspunkte der Brandbekämpfung bzw. Schutzmaßnahmen für die zur Verhinderung der Brandausbreitung eingesetzten Löschkräfte berücksichtigt werden.

Einschränkung
der brennbaren bzw. leicht entflammbaren Stoffe
im Ausbau und bei der Benutzung

Die Einschränkung der brennbaren Stoffe müßte sich sowohl auf den Ausbau als auch auf die Nutzung beziehen. Eine statistische Auswertung, aus der auch die Relation „Ausbaubrandlast" zu „Nutzbrandlast" abgelesen werden kann, könnte hierüber Aufschluß geben.
Diese Maßnahme wird allgemein als sehr fraglich angesehen, da die Wirksamkeit stark von ihrer Kontrolle abhängig ist. Trotzdem wäre es richtig, dieser Maßnahme mehr Aufmerksamkeit zu schenken.
Die Decken der Bauten werden für eine aus der vorgesehenen Nutzung bestimmte Verkehrslast bemessen. Obwohl die zulässige Verkehrslast in der Regel durch Schilder nicht angezeigt wird, erwartet man von den Benutzern, daß sie diese nicht überschreiten. Man vertraut der „allgemeinen Lebenserfahrung", und diese Erfahrung würde auch für ein Urteil heranzuziehen sein, sollte durch überhöhte Last ein Unfall passieren.

Es wäre sicherlich korrekter, dem Eigentümer bei der Bauabnahme eine „Gebrauchsanweisung" auszuhändigen, in der in übersichtlicher Weise die zulässigen Lasten der einzelnen Deckenbereiche festgelegt sind, damit er diese nicht mühsam aus der statischen Berechnung zusammensuchen muß. Der Eigentümer wäre verpflichtet, für die Einhaltung dieser zulässigen Lasten Sorge zu tragen, indem er an entsprechenden Stellen Schilder anbringen läßt (bei Aufzügen längst üblich) und die Verantwortung dem Mieter für die von ihm benutzten Bereiche durch einen entsprechend formulierten Mietvertrag überträgt.

Der Gedanke, mit der Brandlast ähnlich zu verfahren, dürfte nicht abwegig sein. Dem Mietvertrag würde ein Blatt beigefügt, mit dem der Benutzer die Brandlast bei extremer Nutzung ermitteln könnte. (Ähnliche Berechnungen führen heutzutage viele Hausfrauen bereits mit den „Diättabellen" durch. Dort geht es nämlich auch um Kalorien.) Sollte die zugelassene Brandlast überschritten werden, so müßten bestimmte Maßnahmen – ähnlich wie beispielsweise die Verstärkung einer Wohnungsdecke bei der Nutzung für Archive – vorgenommen werden. Diese Maßnahmen könnten etwa die Einrichtung einer selbsttätigen Löschanlage oder die Ummantelung bestimmter Bauteile usw. sein.

Obgleich eine derartige Regelung im ersten Augenblick ungewohnt erscheint, wird sie in anderen Bereichen seit langem erfolgreich praktiziert. Durch diese Maßnahmen könnte die Streuung der Last und Brandlast nach oben verringert werden, wodurch die Wahrscheinlichkeit des Auftretens eines nicht gewünschten Zustandes geringer wird. Und daraus können nun zweierlei Konsequenzen gezogen werden:

- War man mit der bisher erreichten „Sicherheit" nicht zufrieden, so wird sie durch diese Maßnahme erhöht;
- war man mit der bisher erreichen „Sicherheit" zufrieden, so können bestimmte Anforderungen, wie zum Beispiel die Feuerwiderstandsfähigkeit, herabgesetzt werden.

Feuerwiderstandsfähigkeit der Tragkonstruktion

Die verschiedenen Stufen der Feuerwiderstandsfähigkeit der Tragkonstruktion bieten weder ausreichenden Schutz für Benutzer noch für Sachen und oft auch nicht einmal für das Gebäude selbst. Sie können unter Umständen den Rettern die Möglichkeit geben, im fortgeschrittenen

Brandzustand, wenn kaum noch Personen, sondern allenfalls nur noch Sachen gerettet werden können, in das Gebäude hineinzukommen. Gemäß einer statistischen Erhebung haben 2 % der bei Bränden umkommenden Personen die ‚Chance', von Bauteilen erschlagen zu werden. Leider geht daraus nicht hervor, wie groß der Anteil der Feuerwehrleute ist, die in das Gebäude geschickt werden. So stellt sich die Frage, inwieweit für Rettung von Sachen Menschenleben aufs Spiel gesetzt werden sollen, und ob die für die Feuerwiderstandsfähigkeit der Tragkonstruktionen aufgewendeten Kosten in vernünftiger Relation zu den Sachwerten stehen, deren Rettung dadurch ermöglicht wird.
Wenn durch die selbsttätigen Feuerlöschanlagen die Wahrscheinlichkeit einer Brandentwicklung sehr gering, mit Hilfe von Alarmanlagen eine rechtzeitige Evakuierung sichergestellt und durch die Wärme- und Rauchabzugsanlagen eine schnelle Rettung möglich ist, so ist die Feuerwiderstandsfähigkeit der Tragkonstruktion nur für den Schutz der Löschkräfte von Bedeutung, die eingesetzt sind, um das Ausbreiten des Brandes auf Nachbargebäude bzw. -gebäudeabschnitte zu verhindern. Das heißt, in solchen Fällen müßte man die Feuerwiderstandsklasse für die Tragkonstruktion bzw. deren Teile vorschreiben, die für eine erfolgreiche Bekämpfung der Brandausbreitung erforderlich ist. Es ist erschütternd, daß unsere Vorschriften eben diese wenig effektiven, jedoch kostspieligen Maßnahmen pauschal vorschreiben ohne Rücksicht darauf, ob die Brandlast, die für einen 90 Minuten dauernden Brand erforderlich ist, bei der Nutzung in dem Gebäude vorhanden ist oder nicht.
Das im folgenden behandelte konkrete Beispiel zeigt dies sehr deutlich. Die theoretische Brandbelastung eines Klassenraumes zum Beispiel würde sich nach dem Entwurf der DIN 18 230 (Juni 1968) wie folgt ergeben:

$$
\begin{array}{ll}
0{,}5 \text{ cm Linoleum} & = 32{,}5 \text{ Mcal/m}^2 \\
10{,}0 \text{ kg/m}^2 \text{ Holzmöbel} & = 49{,}5 \text{ Mcal/m}^2 \\
5{,}0 \text{ kg/m}^2 \text{ Papier} & = 20{,}0 \text{ Mcal/m}^2 \\
\text{Zuschlag für Vorhänge usw.} & = \underline{10{,}0 \text{ Mcal/m}^2} \\
& q = 102{,}0 \text{ Mcal/m}^2
\end{array}
$$

Sollten so hohe Temperaturen, wie sie zur Verbrennung von Menschen erforderlich sind, entstehen, würde sich der oben angegebene Wert nur um ca. 40 % erhöhen.

In jedem Falle bleibt die Brandbelastuang auch ohne Anwendung der in DIN 18 230 aufgeführten Abminderungsfaktoren im zulässigen Bereich für die Brandschutzklasse II, das entspricht einer erforderlichen Feuerwiderstandsklasse von F 30. Es ist selbsterständlich, daß dabei für die Tragkonstruktion nur nichtbrennbare Stoffe in Frage kommen. Sonst hätte auch die Brandlast der Tragonstruktion in der Berechnung berücksichtigt werden müssen.

Nach welchen Bedingungen die einzelnen Bauteile in die Feuerwiderstandsklasse eingestuft werden, auf welche Weise ihre Prüfung vorgenommen werden muß, ist minuziös beschrieben. Für die Erforschung dieser Probleme sind beträchtliche Mittel aufgewendet worden. Die Parallele finden wir in den Vorschriften für die statischen Berechnungen, wobei genaue Nachweise vorgeschrieben werden; lediglich die Sicherheitsfaktoren, die in den zulässigen Spannungen und auch noch anderswo versteckt sind, sind „aus der Luft gegriffen", man sagt, sie seien „Erfahrungswerte" – allerdings quantitativ nicht erfaßte Erfahrungswerte.

Bemerkenswert ist dabei, daß in der DIN 4102 über die Feuerwiderstandsfähigkeit der Bauteile und nicht der Tragkonstruktion gesprochen wird. Daher ist es wohl möglich, daß ein Gebäude einstürzt, obwohl sämtliche tragenden Bauteile ausreichend feuererwiderstandsfähig waren. Das klassische Beispiel ist genügend bekannt: Im Keller brannte ein Reifenlager. Die Shedhalle darüber stürzte ein, da durch die Dehnung der Kellerdecke infolge hoher Temperatur die Stützen herausgedrückt worden waren, wodurch die Shedschalen ihre Lagerung verloren hatten. Obwohl dabei zwei Feuerwehrleute ums Leben kamen, haben sich die zuständigen Stellen nicht veranlaßt gefühlt, entsprechende Regelungen zu erlassen. Wären die Randstützen auf einer Seite als Pendelstützen ausgebildet gewesen, wäre der Unfall nicht passiert.[4]

Ähnliche Fälle können sich jederzeit wiederholen. Es ist leicht möglich, daß durch die Dehnung der Decke in einem mehrgeschossigen Bau die feuerbeständigen Randstützen ihre Tragfähigkeit wegen des Zusatzmoments bereits unter der ständigen Last – sogar bei einer Temperatur, bei der die Decke ihre Last noch tragen würde – verlieren.

Die Untersuchung der Ursache des Großbrandes bei der Firma Linde in Mainz zeigt auch, daß der Einsturz nicht wegen der unzureichenden Feuerbeständigkeit der Bauteile entstanden ist, sondern daß durch die Zwängung infolge hoher Temperatur ein Bruch der Stützen eingeleitet wurde, immerhin erst 8 Stunden nach Entdeckung des Brandes! Durch entsprechende konstruktive Maßnahmen, die den Bau gar nicht teurer gemacht hätten, wäre es möglich gewesen, den Einsturz des Gebäudes und den Tod von drei Feuerwehrleuten zu vermeiden.

Der zweite Brand, bei dem Einstürze erst nach mindestens 3 Stunden erfolgten, zeigt, daß die Brandlast und die gleichzeitig anzusetzende statische Belastung erheblich niedriger lagen als bei der vorschriftlichen Regelung der Feuerwiderstandslasten angenommen wurde.

Der Brand ist ein Katastrophenfall, bei dem eigentlich ein Sicherheitsfaktor von $v = 1,0$ eingesetzt werden sollte. In der Festlegung der Feuerwiderstandsklasse und der Verkehrslast sind ja noch zusätzliche Sicherheitsfaktoren versteckt.

Bezüglich der Festlegung der Feuerwiderstandsklassen ist es unbedingt notwendig, schnellstens Erlasse zu erarbeiten, wonach die Brandschutzklassen für alle Bauten – nicht nur für Industriebauten – durch die Brandlast unter Berücksichtigung der Fluchtwege und der Löschanlagen festgelegt werden und die Regeln für die Ausbildung der Konstruktion beinhalten, damit nicht nur die Bauteile, sondern auch die Tragkonstruktionen den Brandwiderstandsbedingungen entsprechen.

In bezug auf die Brennbarkeit der Tragkonstruktionen von eingeschossigen Bauten kann folgender Überlegung die Logik nicht abgesprochen werden: Wird in einem eingeschossigen Bau soviel leicht entflammbares Material gelagert, daß, wenn der Brand nicht in den ersten Sekunden gelöscht wird, die Tragkonstruktion sowieso unbrauchbar wird, dann ist es zweckmäßig, die Tragkonstruktion aus brennbaren Baustoffen herzustellen. (Hier ist nicht an Traglufthallen gedacht.) Bei nichtbrennbaren Baustoffen hätte man in solch einem Fall die Abbruchkosten zu tragen, bei brennbaren Baustoffen braucht man nur noch zu „fegen". Sicherlich muß dabei auf den Schutz der Nachbarbauten geachtet werden.

In Räumen, in denen mit offenem Feuer gearbeitet wird, verbietet es sich selbstverständlich, die Tragkonstruktionen aus leicht entflammbaren Baustoffen zu bauen.

Zusammenfassend ist festzustellen, daß die gültigen Vorschriften gerade die am wenigsten effektiven Schutzmaßnahmen ohne ausreichende Begründung vorschreiben, den sinnvollen Maßnahmen jedoch wenig Bedeutung zumessen, und daß für eine Kombination von Schutzmaßnahmen keine Regelungen vorgesehen sind (z. B. Herabsetzung der Brand-

schutzklassen beim Einbau von selbsttätigen Löschanlagen bzw. Wärmeabzugsanlagen).
Es wird unumgänglich sein, die Brandschutzvorschriften generell neu zu fassen und auf eine wissenschaftlich vertretbare, daß heißt logische Basis zu stellen: Brandschutzmaßnahmen müssen nach Auswertung einer umfassenden statistischen Erhebung über Brandschäden einschließlich Folgeschäden neu festgelegt werden! Die Kosten dieser Maßnahmen in Relation zu ihrer Wirksamkeit, bezogen auf das Bauvolumen der Bundesrepublik, sind dabei ebenso zu berücksichtigen wie die Wahrscheinlichkeit des Auftretens von Schäden. In die Untersuchungen sind auch ausländische Statistiken einzubeziehen, insbesondere aus Ländern, deren Vorschriften von unseren abweichen (zum Beispiel Frankreich).
Diese Arbeit müßte zu einer einheitlichen Regelung für die EWG-Länder führen.
In der Bundesrepublik werden die Brandschutzmaßnahmen nicht ernst genommen, sondern als lästige Schikane seitens der Behörde angesehen. Außer der mangelhaften Aufklärung wird dieser Umstand seine Ursache darin haben, daß die zur Zeit vorgeschriebenen Maßnahmen nicht überzeugen.

Aus: Bauwelt, Heft 34/1973; erstmals in Heft 6/1973 von brandschutz/ Deutsche Feuerwehrzeitung

Anmerkungen

¹ Eine Erörterung, inwieweit ethische Entscheidungen sich auf ökonomische Gründe zurückführen lassen, würde den Rahmen dieses Aufsatzes sprengen. Es wäre leicht nachzuweisen, daß ethische Entscheidungen nur dann durchsetzbar sind, wenn sie ökonomisch gerechtfertigt werden können. Die ethischen Grundsätze sind einem stetigen Wandel entsprechend dem Entwicklungsstand der Produktionsweisen unterworfen.
Die Entscheidung, wofür man Geld verwendet (z. B. Krankenhaus oder Spielkasino) ist sowohl ökonomischer als auch ethischer Natur. Wenn Spezialisten durch Vorschriften über das Geld des Bauherrn – also eines Dritten – verfügen, tragen sie ohne Frage auch eine moralische Verantwortung. Die Kosten für den Bauherrn werden nämlich nicht nur in der Regel auf die Benutzer (Mieter) abgewälzt, sondern sie betreffen das Volksvermögen allgemein.
² Die Reihenfolge der Aufzählung entspricht etwa der Bedeutung, die der Verfasser den einzelnen Maßnahmen zumißt.
³ Eine statistische Auswertung der Kosten von Institutsbauten weist die Kosten der rundumlaufenden Fluchtbalkone mit 8 % der Rohbaukosten aus. Dieser Prozentsatz könnte herabgesetzt werden, wenn die Fluchtbalkone nicht vorrangig aus der Sicht der architektonischen Gestaltung konzipiert wären.
Eine noch nicht eindeutig geklärte Frage ist die Bemessungsverkehrslast der Fluchtbalkone. Meines Erachtens könnten diese mit einer Last von $p = 80$ kp/m gerechnet werden, wenn die lichte Breite kleiner als 90 cm ist. Dazu müßte noch eine Einzellast von $P = 320$ kp an ungünstiger Stelle berücksichtigt werden, die bei den Rettungsarbeiten auftreten könnte.
⁴ Der Absatz 14.4.2 der neuen DIN 1045 „Beton- und Stahlbetonbau, Bemessung und Ausführung", der über Dehnfugenabstand und -weite Regelungen vorsieht, kann nicht einmal als Ansatz zur Lösung dieses Problems angesehen werden.

Literatur

Bongard, Portmann: Brandschutz im Stahlbau – Wegweiser für die Praxis, Deutscher Stahlbau-Verband Köln, 1970
Jaeger: Das Risikoproblem in der Technik, Schweizer Archiv Nr. 7/1970
König, Heunisch: Zur statistischen Sicherheitstheorie im Stahlbetonbau, Wilhelm Ernst & Sohn, 1972
Kordina: Baulicher Brandschutz, Bauforschungstag 1971, Verlag Kohlhammer
Kordina, Krampf, Seiler: über den Großbrand bei der Firma Linde, Mainz-Kostheim, im Januar 1971, Beton- und Stahlbetonbau, Heft 5 und 6/1972
Polónyi: Konsequenz in der Statik, Bauwelt, Heft 8/1961
Schubert: Feuerlösch- und Wärmeabzugsanlagen, Bauwelt, Heft 35/1972

Die merkwürdige Denkart
der Bauingenieure

dargestellt an zwei Beispielen
der Entwicklung von Stahlbeton-Fertigteilkonstruktionen

Der Stahlbeton erlaubt es, größere zusammenhängende Konstruktionen „in einem Guß" herzustellen. Darüber hat man sich selbstverständlich sehr gefreut. Diese Bauart bekam das Prädikat „Massivbau". Die Einschätzung der vermeintlichen Vorteile wirkte später hemmend auf die Entwicklung. Als man, um das Gerüst und die Schalung einzusparen, versuchte, die Bauteile vorzufertigen, konnte man sich von der Vorstellung des Massivbaues schwer lösen.
Die ersten Bemühungen galten den Hallen. Die Rahmen wurden in die Fundamente eingespannt, was nicht so problematisch wie kostspielig war. Viel mehr Kopfzerbrechen verlangte die Ausbildung der biegesteifen Rahmendecken. Dabei findet man Lösungen mit aus den Teilen herausragenden Betonstählen, die zusammengeschweißt und an Ort und Stelle einbetoniert wurden. Die Verdübelung mit Betondübeln erfüllte ihre Erfinder mit Stolz. Um die Stöße nicht an der Stelle des größten Momentes zu haben, entwickelte man die Galgenstützen. Die Nachteile der Fertigung, des Transports und der Montage nahm man in Kauf.
Die entscheidende Wende kam erst, als man zur Überbrückung größerer Spannweiten den Riegel in ein Fachwerk auflöste. Hier mußte man sich von der Massivbauvorstellung trennen und sich an den bekannten Stahl- und Holzbaukonstruktionen orientieren. Obwohl die ersten Anschlüsse noch sehr „holzartig" waren und die sinnvolle Lagerung der Binder noch etwas auf sich warten ließ, erkannte man dabei, daß das einfache Aufsetzen der Riegel auf die Stützen, wie das schon in Ägypten vor 3000 Jahren praktiziert wurde, die fertigteilgerechte Lösung ist.

1 Ausbildung einer biegesteifen Rahmenecke

a mit Schweißverbindung und Verguß
b mit Stahlbetondübeln

2 Rahmen mit Gelenken in den Momenten-Nullpunkten

3 Lagerung eines Fachwerkbinders in der Nut der Stütze, Fa. Rostan (1)

4 Shedhalle der Glyco-Metallwerke Wiesbaden-Schierstein, Ingenieur: Polónyi – von Kalmar

5 Luxor, Hof Ramses II

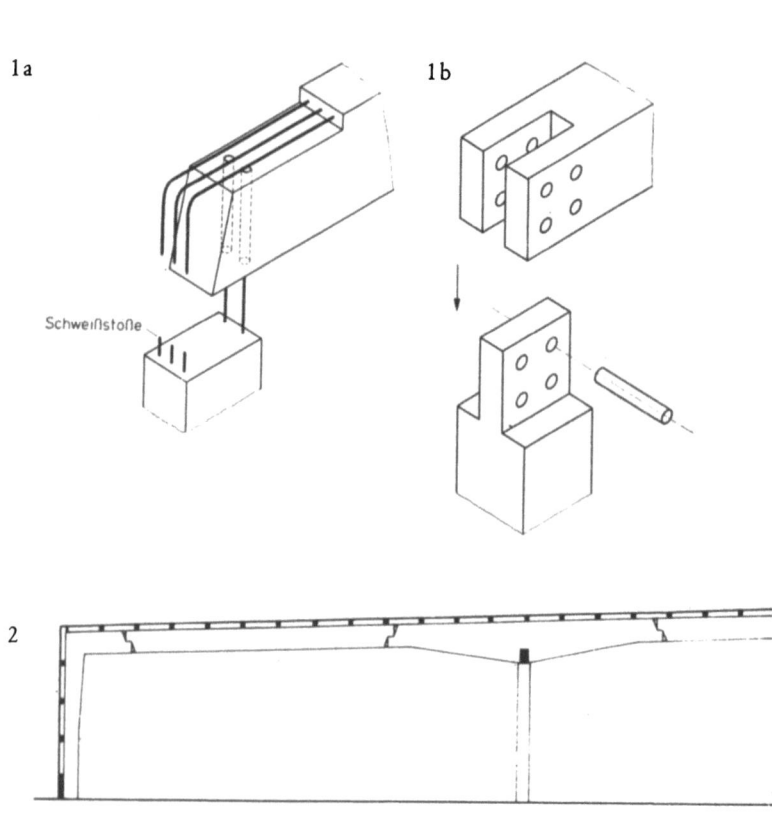

6

Wir sind nun zufrieden. Wenn auch nicht im ersten Anlauf, so ist es uns doch gelungen, „die Stahlbeton-Fertigteil-Halle" zu konstruieren. Jetzt weiß schon jeder Ingenieur: „Die Haupttragkonstruktion der Stahlbeton-Fertigteil-Halle besteht aus in Köcherfundamenten eingespannten Stützen und darauf gelagerten Bindern."
Ist dieses Problem tatsächlich zu Ende gedacht?
Die Köcherfundamente verursachen – wie gesagt – keine technischen Probleme. Daher hat man die Einspannung der Stützen nie in Frage gestellt. Es gilt als selbstverständlich, daß bei einer Stahlbeton-Fertigteil-Halle die Windkräfte durch die eingespannten Stützen aufgenommen werden.
In diesem Zusammenhang kann nicht erörtert werden, wie wenig wir über

6 *Gesamthochschule Kassel, Architekt: Posenenske*

7 *Vorgefertigtes Schalenfundament für Stützen mit gelenkigem Anschluß*

8 *Wohnungsbau Bonn-Nord, Architekt: P. Sigmond Ingenieur: Polónyi – von Kalmar*

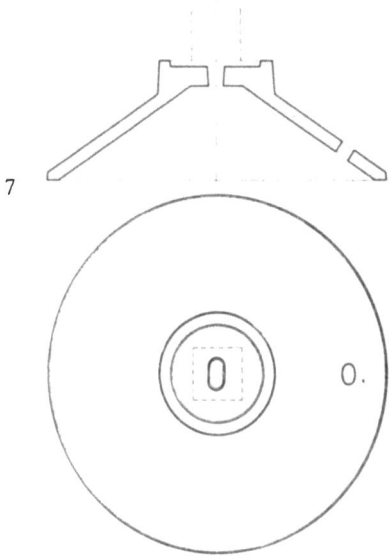

das Tragverhalten eines Köcherfundamentes wissen. Der Hinweis auf die Veröffentlichung von Leonhardt im Betonkalender 1973, Band II, sollte hier genügen.
Eines müßte jedoch auf den ersten Blick auffallen: Die Köcherfundamente sind aufwendig. Dazu kommt, daß die Stützen, die zusätzlich auf Biegung beansprucht sind, nach der DIN 1045 unverhältnismäßig stark bewehrt werden müssen.
Was hindert uns, die Windkräfte wie im Stahl- und Holzbau – also wie bei Fertigteilbauverfahren schon seit eh und je üblich – durch Scheiben oder Verbände aufzunehmen? Dies ist in den meisten Fällen möglich und die wirtschaftlichste Lösung. Nun werden nicht nur die Stützen, sondern auch die Fundamente erheblich kleiner. Diese Fundamente, die, abgese-

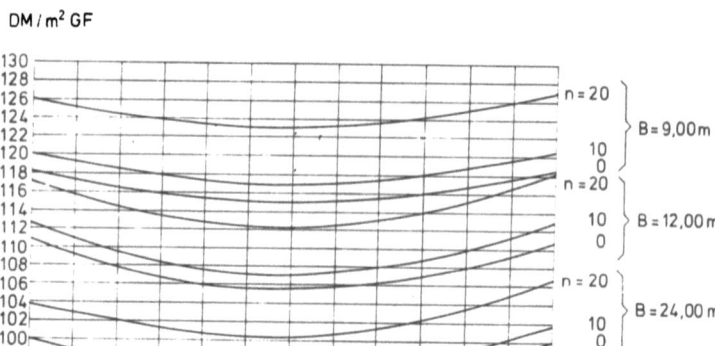

9 Abhängigkeit der Vergleichsrohbaukosten von Schottenabstand a, Geschoßzahl n und Gebäudebreite B (Preisbasis 1967)

hen von der geringen Horizontalkraft, an der Oberkante vorwiegend zentrisch belastet sind, könnten evtl. als Schalenfundamente vorgefertigt werden.

Das zweite Beispiel kommt aus dem Großtafelbau.
Man hat etwa gleichzeitig versucht, Wohnbauten statt mit Mauerwerk aus Ortbeton und Fertigteilen zu errichten.
Beim Ortbeton hat man schnell begriffen, daß die Bauart ein bestimmtes Bauverfahren erfordert, das wiederum nur bei entsprechenden Grundrissen anwendbar ist. So entstand der Schottenbau mit raumgroßen Gerüst- und Schalungseinheiten, die jeweils in einem Stück versetzt werden. Dieses Prinzip ist als „Allbetonverfahren" allgemein und in Abwandlungen, wie z. B. in Berlin als „Schälerbau", bekannt.
Die Architekten haben auch den Beweis erbracht, daß die Nutzung ohne weiteres dem Bauverfahren angepaßt werden kann, d. h., es können vernünftige Grundrisse gemacht werden.
Dieses Verfahren beruht auf der sorgfältigen Festlegung der tragenden Wände. Sie sind beim vernünftigen Entwurf identisch mit den Woh-

nungstrennwänden. Die Abstände können im wirtschaftlichen Bereich so gewählt werden, daß entsprechende Differenzierung des Wohnungsspiegels bei diversen Erschließungen möglich ist. Die nichttragenden Zimmertrennwände gestatten eine spätere Veränderung der Wohnungsgrundrisse. Öffnungen in den Stahlbetonschotten erlauben sogar die Veränderung der Wohnungsgrößen.

Die Entwicklung der Ortbetonkonstruktionen war schnell und überzeugend – nicht nur konstruktiv und herstellungstechnisch, sondern auch pekuniär. Gerade deshalb müßte uns die Entwicklung des Großtafelbaus nachdenklich stimmen. Hier war man so sehr mit herstellungstechnischen Detailproblemen beschäftigt, daß man es vergaß, eine Grundkonzeption zu entwickeln. Im Gegensatz zu den Ortbetonkonstruktionen hat man es hier versäumt, eine sinnvolle Trennung zwischen Trag- und Ausbaukonstruktion zu suchen. Das hat nicht nur zu einer großen Zahl der Elementtypen und zu einer großen Zahl von Elementen, sondern gleichzeitig zur Unveränderbarkeit der Grundrisse geführt.

Man hat den Mauerwerksbau als Vorbild gewählt anstelle der Ortbeton-Schottenbauten. Die Wände, die bisher gemauert wurden, sind als Stahlbeton-Tafeln hergestellt worden. Das galt für große wie für kleine Räume. Daraus resultiert dann auch die unglückselige Definition des Großtafelbaus: Die Wandtafeln müssen mindestens geschoßhoch und so breit sein wie der Abstand der sie aussteifenden Wände. Die Deckentafeln müssen so breit sein, daß in einem Raum höchstens zwei Fugen auftreten, ihre Breite soll jedoch 2 m nicht unterschreiten.

Diese Definition war in den „Vorläufigen Richtlinien für Bauten aus großformatigen Wand- und Deckentafeln" zu lesen, wodurch der falsche Ansatz noch zementiert wurde. Es hat sehr lange gedauert, bis einige sich von dieser Vorstellung lösen konnten.

Die neue DIN 1045 hat auf diese Definition glücklicherweise verzichtet. Sie lebt jedoch in den Gedanken der Ingenieure bis heute weiter, und man findet sie in der Konzeption der neuen „Großtafelbauten" immer wieder. Daher muß man bei der Ausarbeitung von Vorschriften äußerst vorsichtig sein, Fehlentwicklungen von Bauverfahren können auf Jahre hin durch sie vorbestimmt werden.

Der Grundfehler lag in der Teilung der Kompetenzbereiche zwischen Architekt und Ingenieur sowie in der falschen Zielsetzung. Sie lautet nämlich nicht „Industrialisierung", sondern „Fertigteile". Nun, inzwischen ist

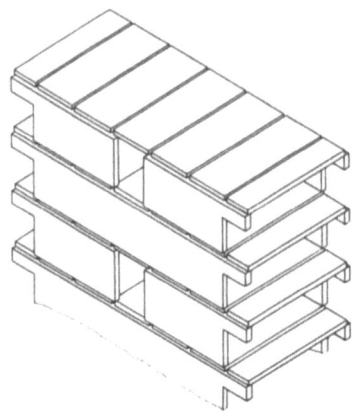

10 Schottenbau

die Zielsetzung klarer, die Kompetenzabgrenzungen sind verschoben worden bzw. durch Teamarbeit durchgängiger geworden. Wäre man bei der Entwicklung von Wohnbauten aus Stahlbeton-Fertigteilen genauso konsequent wie beim Ortbeton vorgegangen, so hätte man sehr schnell ein ähnliche Lösung wie beim Ortbeton gefunden. Man hätte auch vermeiden können, ein Bauverfahren in Verruf zu bringen: In Verruf bezüglich der Unveränderbarkeit (Mauerwerksbauten sind viel flexibler) und bezüglich der Kosten.

Diese beiden Beispiele sollten Vorgänge in der Entwicklung der Tragkonstruktionen bewußt machen und damit ähnliche Umwege vermeiden helfen.

Kurzfassung eines Vortrages, den Stefan Polónyi auf dem IASS-Symposium in Udine 1974 gehalten hat.

Aus: Bauwelt, Heft 31/1976

Literatur

Leonhardt, F.: Das Bewehren des Stahlbetons, Beton-Kalender 1973, Band II
Koncz, T.: Handbuch der Fertigteilbauweise, Bauverlag GmbH, Wiesbaden – Berlin
Polónyi, S.: Materialgerechte Stahlbeton-Fertigteil-Konstruktionen, „Betonsteinzeitung" 5/1962
Polónyi, S.: Vier Shedhallen mit Stahlbeton-Fertigteilen, Bauwelt 44–45/1963
Polónyi, S., Fink, H., Winkler, G.: Rohbaukosten-Analyse von Wohngebäuden, TU Berlin 1969, Nachdruck Universität Dortmund 1975

Konstruktionsirrtümer

Es begann in Marburg

In Marburg war ein Universitätsgebäude zu bauen. Man hat festgelegt:
1. Die Nutzung eines Universitätsgebäudes läßt die Fixierung der Erschließungswege nicht zu;
2. der vorgesehenen und der zu erwartenden Nutzung wird ein quadratischer Stützenraster mit 7,20 m Abstand gerecht.
Man hat ein Konstruktionssystem gesucht, bei dem
3. die Raster der Tragkonstruktion und der Ausbaukonstruktion identisch sind;
4. trotzdem sollen die (nichttragenden) Wände keinen direkten Anschluß zu den Stützen haben, das heißt, die Stützen sollen nicht in den Wandachsen liegen;
5. die vertikale Leitungsführung soll bei den Hauptrastern (Stützenachsen) möglich sein.
Man erwartete
6. ein Montagesystem;
7. eine nicht gerichtete Konstruktion, da ein quadratisches Stützensystem keine bevorzugte Richtung hat.
Durch das letzte Kriterium versprach man sich offensichtlich eine ästhetische Qualität mit architekturphilosophischem Anspruch. Daß die Erschließung den Bauten doch eine Richtung gibt, durfte für die Tragkonstruktion keine Konsequenzen haben.
Man hat einen Konstruktionswettbewerb für Baufirmen ausgeschrieben. Von den eingegangenen Lösungen wurde das oben dargestellte System ausgewählt.

1

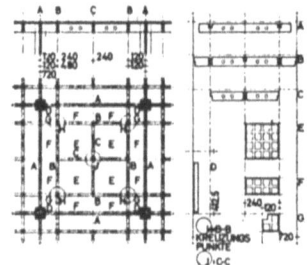

1 Universität Marburg.
Normalfeld mit seinen
konstruktiven Teilen.
Balken mit Aussparungen
für zusätzliche
Installationszone,
Stütze und Deckenplatten
mit streifenförmiger
Bewehrung für Aussparungen

2

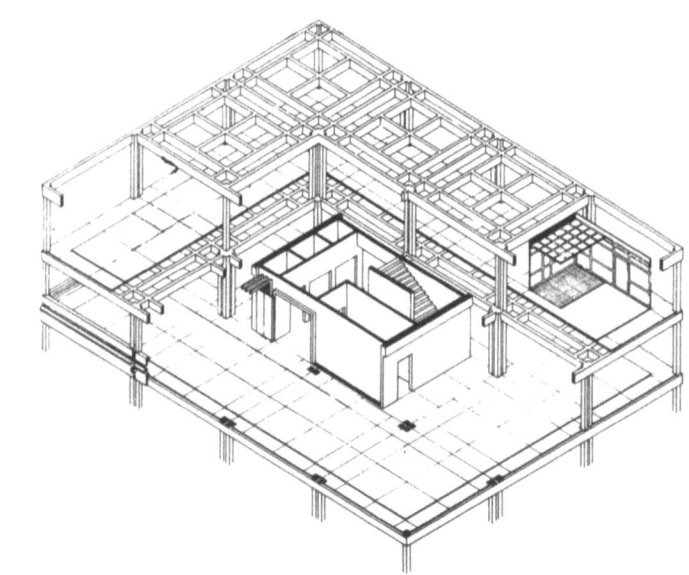

2 Universität Marburg.
Isometrie eines regelmäßigen
Baukörpers, aus Teilen des Bausystems
zusammengefügt

3 Universität Marburg.
Montage von Balken
und Deckenplatten:
Auf den Stahlkränzen
um die Stützen werden
die Randträger aufgelegt.
Die sich kreuzenden Hauptträger
lagern in den Randträgern
auf Konsolen auf.
Unter dem Kreuzungspunkt
der Hauptträger steht eine
justierbare Hilfsstütze.
In den Balken sind teilweise
Aussparungen mit einem
Durchmesser von 22 cm angeordnet.
Hierdurch wird eine weitere
Installationszone gewonnen
für die Abwasserleitungen.
Somit werden Kreuzungen
mit den Lüftungskanälen
in der abgehängten
Installationszone vermieden.
Auf den Balken werden die
15 cm dicken Deckenplatten
aufgelagert.
Die Umgänge erhalten 10 cm dicke
Deckenplatten.

Die Stützen wurden in vier Einzelstützen aufgelöst. Die Hauptträger (Unterzüge) wurden in den beiden Rasterrichtungen, bestehend aus jeweils zwei Stahlbetonbalken, angeordnet. Das so entstandene Deckenfeld konnte mit nur einer Platte nicht überbrückt werden. Daher wurden Sekundärträger vorgesehen. Um keine Richtung zu bevorzugen, wurden erst zwei Sekundärträger verlegt. An den Kreuzungspunkten war der Beton unterbrochen. Lediglich die Bewehrungsstäbe gingen durch. Die beiden Sekundärträger der anderen Richtung wurden jeweils aus drei Teilen hergestellt. Aus diesen kragten Bewehrungsstäbe in den Kreuzungsbereich. Da die Sekundärträger mit dem unterbrochenen Beton die Last im Bauzustand nicht tragen konnten, wurden die Kreuzungspunkte bei der Montage mit Hilfspfosten abgestützt. Die vier Pfosten pro Feld mußten bis zum Erreichen der Tragfähigkeit den Ortbeton-Kreuzungspunkt unterstützen. Die Kriterien 3, 4 und 5 hatten zur Folge, daß pro Feld statt einer nunmehr vier Stützen erforderlich wurden. Bei der Montage hat man zwei Stützen mit Stahlprofilkränzen zusammengeschlossen, damit man jeweils ein Kranspiel spart.

3, 4, 5 und 7 hatten zur Folge, daß pro Feld vier Unterzüge notwendig waren.

Das Kriterium 7 machte Montagepfosten und Verwendung von Ortbeton erforderlich.

Erforderliche Stückzahl der Elemente pro Feld:

4 Stützen
4 Hauptträger
2 Sekundärträger
6 Tertiärträger
9 Platten
---
25 Elemente

Das übliche System kommt pro Feld mit

1 Stütze
1 Unterzug
3 TT- oder Kassetten-Platten
---
5 Elementen
aus.

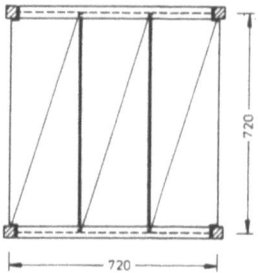

4 Übliche Elementierung eines Feldes (Untersicht)

Die hohe Stückzahl ist nicht nur bei der Montage, sondern auch bei der Fertigung, Lagerung und Verladung ein ungünstiger Kostenfaktor.
Die Richtigkeit der Systemauswahl konnte durch die vorgenommene Bewertung scheinbar auch wissenschaftlich belegt werden. Jedoch darf man nicht vergessen, daß das Ergebnis einer solchen Bewertung von Kriterien und deren subjektiver Wichtung innerhalb des Bewertungssystems abhängig ist. Der niedrige Angebotspreis kann keinesfalls auf die Wirtschaftlichkeit der Konstruktion zurückgeführt werden. Er muß andere Gründe haben.
Obwohl das Konstruktionssystem nirgendwo Nachahmung fand, setzte Marburg Maßstäbe.

Sonderforschungsbereich 63 – LAG-Empfehlungen

Bei den weiteren Hochschulbauten hat man die Kriterien 3, 5 und 7 aufgegeben.
Auf 4 fand man die Antwort, indem man eine Trennung des Trag- und Ausbaurasters vornahm. Hier wird ersichtlich, daß Architekten sich lediglich um die Ausbaukonstruktion gekümmert haben und in der Trennung der Ausbau- und Tragkonstruktion Vorteile für den Ausbau erblickten. Die möglicherweise hinzugezogenen Ingenieurberater erkannten die Konsequenzen dieser Maßnahme nicht. Es war niemand dabei, der die Gesamtübersicht gehabt hat und der sich hätte vorstellen können, daß die Nachteile die Vorteile insgesamt weit übertreffen.
Die Ausbildung der positiven und negativen Ecken bei Rastertrennung bringt für die Tragkonstruktion Probleme mit sich, die herstellungstechnisch nicht befriedigend gelöst werden können. Insbesondere die Forderung, das Gebäude mit Fluchtbalkonen zu versehen, führt zu statisch, fertigungs- und transporttechnisch ungünstigen Lösungen, wie z. B. bei dem Nordrhein-Westfälischen Hochschulbautyp.
Hier soll erwähnt werden, daß die Lösung, den zweiten Fluchtweg durch den Fluchtbalkon zu schaffen, keinem Wirtschaftlichkeitsvergleich unterzogen wurde. Offensichtlich wollten die Architekten auf die Fluchtbalkone als gestalterisches Element nicht verzichten.
Die Folgen der Rastertrennung bezüglich Beeinträchtigung der Räume durch die Stützen hat man einfach auf Kosten der Benutzer in Kauf genommen.

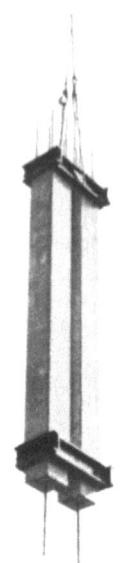 

5/6 Universität Marburg. Die Stützen werden mit Stahlprofilkränzen, die zugleich bei der Montage als Auflager für die auftreffenden Balken dienen, zusammengeschlossen und gebündelt versetzt

Kosten-Nutzen-Analysen, die diesen Umstand berücksichtigen, hat man erst vor kurzem aufgestellt. Sie sind noch nicht so aufbereitet, daß damit allgemein gearbeitet werden kann.

Die Veröffentlichung „Kosten der Tragkonstruktionen" war als ein Hilfsmittel gedacht, um die Wirtschaftlichkeit von verschiedenen Stützenabständen zu vergleichen.

Die gerichteten Deckenkonstruktionen, die bei Montagesystemen aus der bandartigen Form der Straßen resultieren, hat man endlich akzeptiert. Man war aber nicht bereit, für die technische Gebäudeausrüstung eine bevorzugte Richtung vorzusehen.

Nirgendwo zeigt sich die Hilflosigkeit so eklatant wie bei der technischen Gebäudeausrüstung. Besonders schwerwiegende Fehler ergaben sich bei den Lüftungs- bzw. Klimaleitungen. Das ist auf die Ausbildung der Architekten und Fachingenieure zurückzuführen, die eine gemeinsame Erarbeitung sinnvoller Lösungen nicht ermöglicht. Der Architekt war nicht

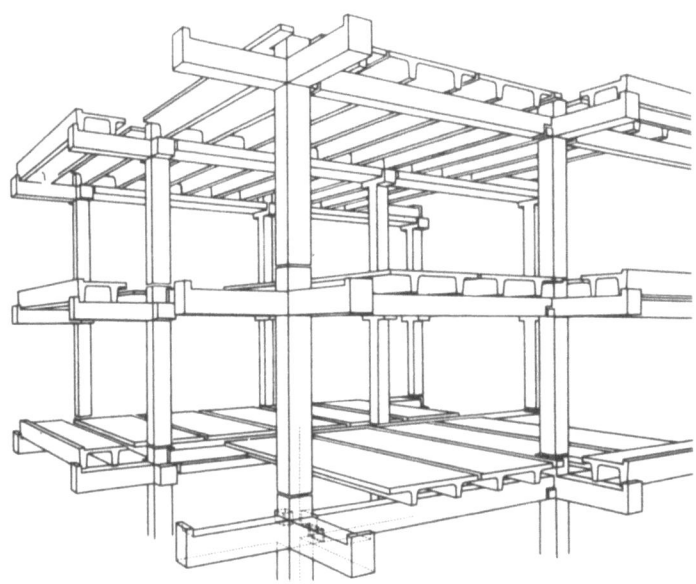

7 Eckstütze des nordrhein-westfälischen Hochschulbautpys

bereit, die Erschließungsrichtung festzulegen, der Fachingenieur wollte mit seinen Kanälen überall hin und diese selbstverständlich auch kreuzen. Daraus resultierten große Decken- und damit Geschoßhöhen, gequetschte Tragkonstruktionen mit aufwendigen Konsolbändern an den Unterzügen, Ausklinkungen der Unterzüge sowie der Rippen oder Regelaussparungen, die überall abgehängte Decken notwendig machten.

Das Denken in allgemeinen, von der Funktion her nicht gerichteten Systemen hat zur Störung der Funktion und zur Vergrößerung des umbauten Raumes geführt.

Die Variabilitätseuphorie ging so weit, daß höhere Verkehrslasten als in der DIN 1055 vorgeschrieben sind, angesetzt wurden mit der Begründung, die Einrichtung von Fachbereichsbibliotheken an jeder Stelle zu ermöglichen. Unabhängig davon, daß für Präsenzbibliotheken die Verkehrslast von 5 kN/m^2 auch ausreicht, verursachte diese Entscheidung der Bundesrepublik vermeidbare Mehraufwendungen in Höhe von etwa

8 Ausklinkung des Unterzuges und der TT-Platten-Rippe

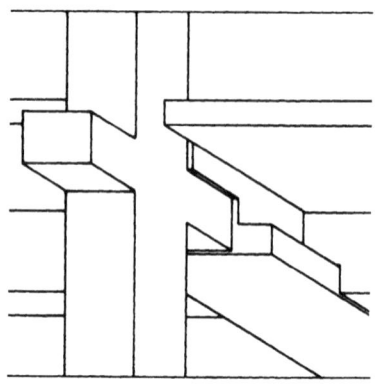

10 000 000,- DM*. Bei dem im Bau befindlichen Gebäude der Mathematik der TU Berlin betragen die Mehrkosten aus der unnötig erhöhten Verkehrslast 400 000,- DM.
Die Vorhaltungskosten für die extrem ausgelegte Veränderbarkeit dürften das Mehrfache dieses Betrages ausmachen. Die Entscheidung für die Veränderbarkeit erfolgte ohne eine Untersuchung über die Wahrscheinlichkeit der Notwendigkeit von Änderungen durch die Nutzung.
Notabene: Die Änderungen werden auch dort, wo diese nötig und möglich sind, nicht vorgenommen, da das Versetzen von versetzbaren Wänden Geld kostet, das in den Haushalten nicht vorgesehen ist.

Der Schulbau

Es war zu erwarten, daß sich dieses Gedankengut auch auf die Schulbauten auswirken würde. Die Vorstellungen über die Gesamtschulen boten sich für die Anwendung dieser Planungsansätze an.
Der vorläufige Höhepunkt in dieser Entwicklung ist die Planung der Oberschulzentren in Berlin. Es wurde ein Büro mit einer Systemuntersuchung beauftragt. Dieses hat in einer Studie die Rastertrennung und den Stützenabstand von 7,20 m x 7,20 m festgelegt. Dafür sind sämtliche charakteristischen Details, Fenster usw. erarbeitet. Auf dieser Grundlage sollen die 18 Schulzentren von 18 Architekten geplant werden, die sich

---

* Geschätzt nach dem 7. Rahmenplan vom 2. 2. 1967 und „Kosten der Tragkonstruktionen".
Siehe dazu auch „Betrachtungen über Lastannahmen und Durchbiegungsbeschränkungen".

durch Wettbewerbe oder sonstwie qualifiziert haben. Die Ausschreibung und Vergabe soll wiederum einheitlich von dem Büro durchgeführt werden, das mit der Voruntersuchung beauftragt war. Das Ergebnis dieses merkwürdigen Verfahrens kann keinesfalls zur Wirtschaftlichkeit der Bauten führen, da die vorgegebenen Systeme entwurfsunabhängig sind. Sie erlauben es nicht, daß die möglichen Vorteile der Abstimmung der Tragkonstruktion mit den allgemeinen Ausbaukonstruktionen und der technischen Gebäudeausrüstung zum Tragen kommen. Das heißt, es ist nicht möglich, daß die Konstruktionshöhe der Decken durch eine entsprechende Koordinierung niedrig gehalten wird.

Ursachen der Irrtümer

Diese Fehlentwicklung ist auf die falsche Fragestellung zurückzuführen. Man hat nicht nach Gebäuden gefragt, die dieser oder jener Funktion dienen sollen, sondern nach Systemen, die bestimmten Kriterien gerecht werden.
Die Kriterien waren nicht folgerichtig abgeleitet, und sie waren überzogen. Mehrere der Kriterien führten zur Erhöhung der Herstellungskosten, ohne dafür Nutzungsvorteile zu bieten. Die Bedingungen wurden gestellt, ohne deren Konsequenzen zu überblicken.

Die Umkehr

Eine Umkehr ist möglich, indem man versucht, anstelle von abstrakten Kriterien die richtigen Fragen zu stellen, die direkt auf die Nutzung bezogen sind. Wir müssen uns auf die früher übliche Entscheidungsreihenfolge im Planungsprozeß besinnen, die uns merkwürdigerweise verlorengegangen ist.
1. Festlegung der Erschließungswege und der daran angereihten Raumfolgen für die Erstnutzung.
2. Bestimmung der möglichen Topologie der lastabtragenden Konstruktion (Wände, Stützen), soweit möglich einem Großraster entsprechend.
3. Überprüfung, wieweit die Lage der lastabtragenden Bauteile in den diversen Geschossen in Deckung gebracht werden kann.
4. Heraussuchen solcher Tragelemente, die bei einer *wahrscheinlichen* Nutzungsänderung im Wege stehen würden.

5. Wenn es wegen unterschiedlicher Spannweiten der Tragelemente nicht möglich ist, diese in verschiedenen Geschossen übereinander anzuordnen, ist eine gemeinsame (größere) Spannweite zu suchen.
In der Regel ist es wirtschaftlicher, für alle Geschosse den größeren Abstand der lastabtragenden Bauteile zu wählen, als Abfangungen in Form von Unterzügen vorzusehen. Bei der Anwendung von Wandscheiben zur Abfangung trifft das nicht zu.
6. Festlegung der Art der lastabtragenden Bauteile: Wand, Stütze. Soweit dies die Nutzung erlaubt, sind in der Primärtragrichtung tragende Wände zu wählen. Sie sind in jedem Falle billiger als Stützen, Unterzüge und nichttragende Wände mit entsprechender Schallschutzqualität. Sie sind auch geeignet, die Erschließungswege brandsicher abzuschirmen.
7. Festlegung der Lage der Fassade und des Ausbaurasters.
Der Raster ist kein Prinzip. Er ist ein Mittel zur Koordinierung und zur rationellen Gestaltung der Bauteile.
8. Wahl der Anordnung der technischen Erschließung. Dafür bieten sich die Brüstungen und die Deckenbereiche der Erschließungswege an.

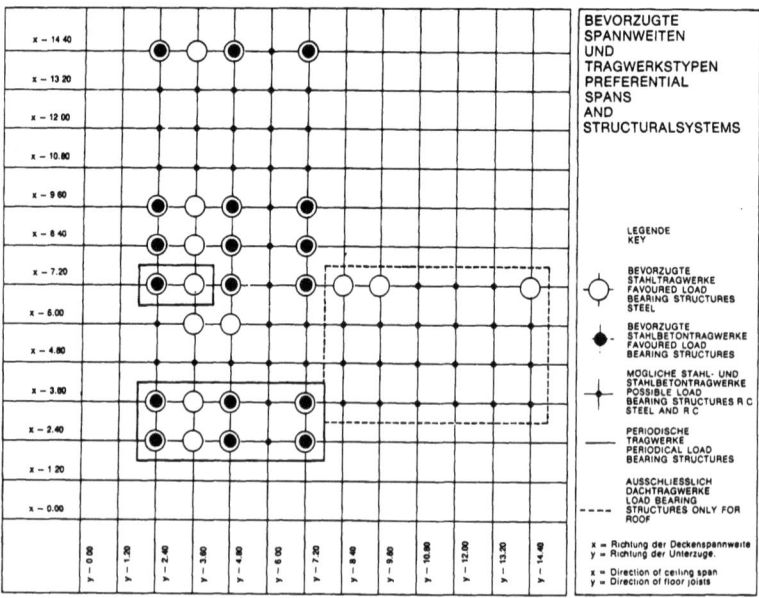

9. Wahl der Konstruktionssysteme, die das Erreichen jedes gewünschten Punktes mit den Leitungen ohne Durchbrüche in den Unterzügen und Rippen gestatten.
Die Tragkonstruktion und die technische Gebäudeausrüstung bilden eine konstruktive Einheit, die dadurch gekennzeichnet ist, daß sie sich gegenseitig aus dem Wege gehen.
10. Festlegung der Dehnungsfugen und Wahl der Bauteile, die die Horizontalkräfte aufnehmen sollen. Dazu sind die vertikalen Erschließungskerne und sonstige tragende Wände geeignet. Sollten diese Wände nicht ausreichen, sind Verbände in Erwägung zu ziehen. Es ist darauf zu achten, daß auch im Brandfall keine Zwängungen auftreten, die die Standfähigkeit des Bauwerkes gefährden.

Einige Beispiele

Der Verfasser hat mit Prof. Dr.-Ing. G. Fesel (TH Darmstadt) Untersuchungen über geeignete Konstruktionen vorgenommen.
Als erster Schritt wurden Grundrißanalysen für Nutzungen wie Institute, Schulen und überbetriebliche Ausbildungsstätten erarbeitet. Daraus konnten bevorzugte Spannweiten abgeleitet werden.
Parallel dazu wurde die Frage des Rasters für Trag- und Ausbaukonstruktionen untersucht. Man kam zu der Erkenntnis, daß die Fassaden nicht in dem Raster der Innenwände liegen müssen. Am sinnvollsten ist es, Innenkante der Fassade und Außenkante der Stütze unter Berücksichtigung der erforderlichen Toleranzgrenze in Deckung zu bringen. Dabei ist die Stützenaußenkante in allen Geschossen in der gleichen, bei Stahlkonstruktionen annähernd in der gleichen Flucht. Bei dieser Entscheidung sind die Ausbildung der Fassade und die konstruktiven Probleme der Tragkonstruktion bei den positiven und negativen Ecken mit und ohne Fluchtbalkon in die Überlegungen einbezogen.
Der Raster der Innenwände kann mit dem Tragkonstruktionsraster in Deckung oder auch versetzt sein. Der Anschluß der Trennwände an die Stützen dürfte kaum Mehrkosten verursachen. Bei manchen der im folgenden gezeigten Konstruktionen, z. B. bei TT-Platten, bekommen die Platten eine zusätzliche Linienlast, die bei bestimmten Wandgewichten eine zusätzliche Plattenbewehrung erfordert, so daß sich die Last der Wand auf zwei Rippen verteilt. Der so entstehende Ausgleich macht es

1. **Materialbedarf** (geringer Materialbedarf)
1. statisch günstige Konstruktion
   01 Spannweite
   02 Konstruktionshöhe (z. B. geschoßhohe Träger)
   03 statische Mitwirkung anderer Bauteile

2. **Herstellung** (geringer Lohnaufwand)
   2.01 soviele Arbeitsgänge wie möglich in die Fabrik verlegen
   02 kleine Anzahl verschiedener Elemente
   03 kleine Anzahl der Teile (wenig aber große Teile)
   04 einfache Form
   05 wenig Arbeitsgänge (vergl. 2.04)
   06 mechanisierbare und automatisierbare Produktion

3. **Lagerung**
   3.01 Stapelbarkeit
   02 keine sperrigen Teile

4. **Transport**
   4.01 Transportabmessungen (Normalfahrzeug)
   02 keine sperrigen Teile

5. **Montage**
   5.1 Verlegen
   01 direkt vom Fahrzeug aus versetbar
   02 gleichgroße Teile
   03 gleichschwere Teile (vergl. 5.104)
   04 gleichgroßer Kranausleger (vergl. 5.103)
   05 Kranausleger möglichst klein
   06 kein Gerüst
   07 keine Hilfsstütze
   08 wenige Stoßstellen (vergl. 5.201)
   09 einfache Justierung (keine seitliche Abstützung, z. B. Großtafel)
   5.2 Anschlüsse
   01 wenig Anschlüsse (möglichst nur 2 Teile in einem Punkt)
   02 gleichgeartete Anschlüsse
   03 keine Extra-Teile für Anschlüsse
   04 keine Momentenübertragung, besonders bei Stahlbetonfertigteilen
   05 bequeme Toleranzen
   06 keine Zwangsteilen

*9 TT-Platten-Decke
ohne Unterzüge.
Lagerung der TT-Platten
auf je vier Stützen,
Periode in X-Richtung.
Grundriß und Schnitte.*

*Darunter:
Isometrische Darstellung*

*10 TT-Platten-Decke
ohne Unterzüge.
Lagerung der TT-Platten
auf je zwei Stützen,
Periode in X-Richtung.
Grundriß und Schnitte.*

*Darunter:
Isometrische Darstellung*

nicht erforderlich, hier allgemeine Festlegungen zu treffen. Diese Entscheidung kann von Fall zu Fall dem Planenden freigestellt werden.
Anschließend wurden Konstruktionsbeispiele zusammengestellt, die der Bedingung, die unter Entscheidungsschritt 9 formuliert ist, entsprechen. Dabei wurden lediglich Systeme, die sich in der Praxis bewährt haben, entsprechend abgewandelt. Alle diese Systeme erfüllen die meisten Entwurfskriterien für Montagekonstruktionen.
Die nebenstehenden Abbildungen zeigen Stahlbetonkonstruktionen. In der letzten sind bei dem Erschließungsweg Wandtafeln angeordnet. Ähnliche Lösungen sind bei den anderen Stützenabständen bzw. Konstruktionen sinngemäß möglich, wobei die Wände als scheibenartige Stützen ausgebildet werden können. Die Breite der scheibenartigen Stützen wird

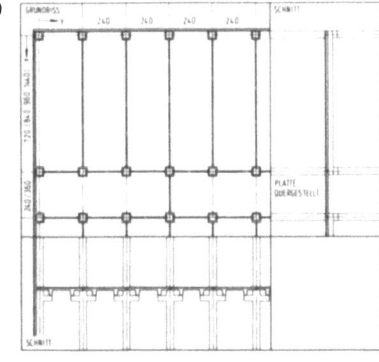 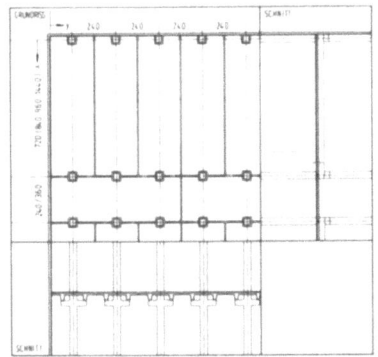

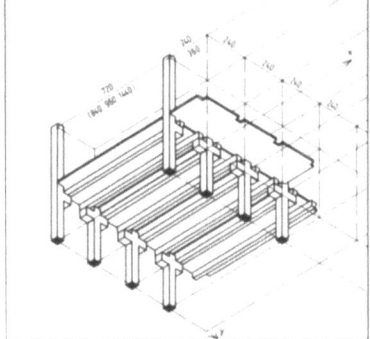 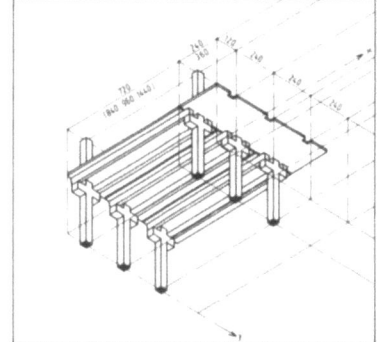

von den Abmessungen und der Zuordnung der erforderlichen Öffnungen abhängig sein.

Die entsprechenden Stahllösungen sind auf Seite 68 zu sehen.

Bei Deckenspannweiten um 6,00 m oder kleiner verwendet man steglose Platten, die direkt auf Stützen aus Stahl oder Stahlbeton, ggf. auf scheibenartige Stützen, gelagert werden. Das ist auch bei Fertigteilen möglich, wenn die Stützenachsabstände kleiner als 3,60 m sind. Diese Konstruktionen kommen vorwiegend für Büro- und Labornutzung in Frage.

Das Denken im „reinen" System hat eine Verblendung mit sich gebracht: Man hat an den Fassaden Stützen angeordnet, die im Raum stehen, und die Platten mit Unterzügen abgefangen. Gleichzeitig verlangte man einen Fenstersprossenabstand von 1,20 m für den Anschluß der Trennwände.

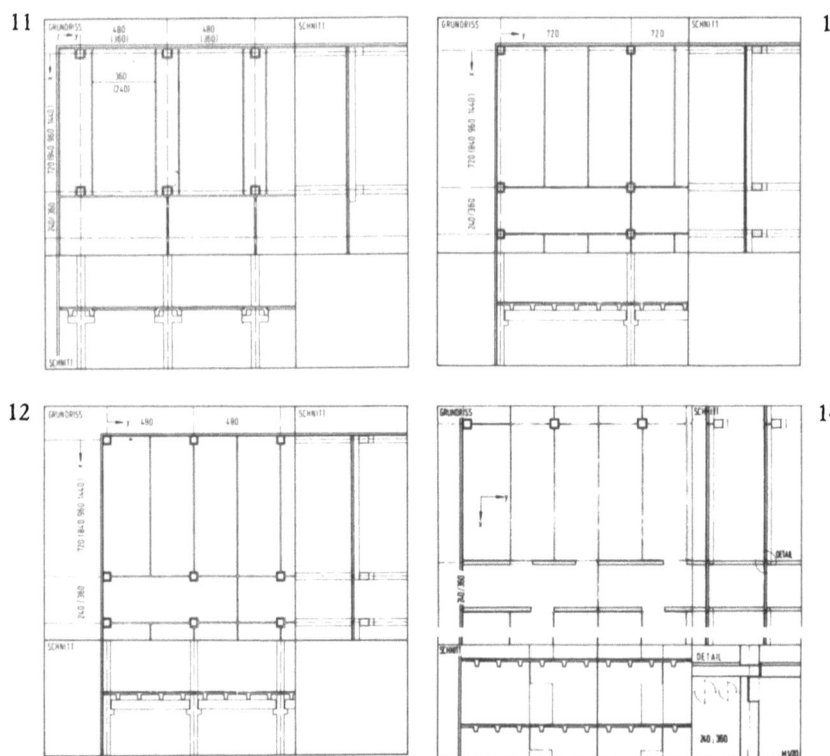

Die Breite der Sprossen muß schon 10–12 cm betragen. In dieser Breite kann ohne weiteres ein feuerbeständig ummanteltes Stahl-Rechteckrohr untergebracht werden, das die Last von sechs Geschossen tragen kann.

Schlußwort

Die vorgeschlagenen Konstruktionen bieten den Architekten neue Möglichkeiten. Die Wirtschaftlichkeit ist schon dadurch erkennbar, daß
- auf abgehängte Decken weitgehend verzichtet werden kann;
- die Geschoßhöhen und damit auch die Betriebs- und ebenso die Fassadenkosten niedriger werden;
- Durchbrüche in Unterzügen und Rippen entfallen.

11 In TT-Plattenschalung
hergestellte Doppelstegelemente
mit Zwischenplatten.
Grundriß und Schnitte

12 TT-Platten-Decke.
Periode in X-Richtung.
Grundriß und Schnitte

13 TT-Platten-Decke.
Periode in X-Richtung.
Grundriß und Schnitte

14 TT-Platten-Decke
Periode in X-Richtung.
Grundriß und Schnitte

15 Verbundträger mit Ortbeton
bzw. Holoribdecke.
Periode in X-Richtung,
in Y-Richtung keine Unterzüge.
Grundriß und Schnitte

16 Verbundträger mit Fertigteildecke.
Periode in X-Richtung,
in Y-Richtung keine Unterzüge.
Grundriß und Schnitte

17 Steglose Deckenplatten
bei Spannweiten bis zu etwa 6,00 m

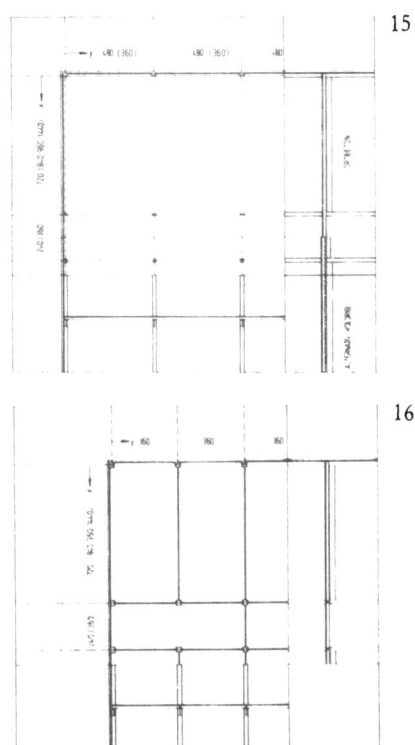

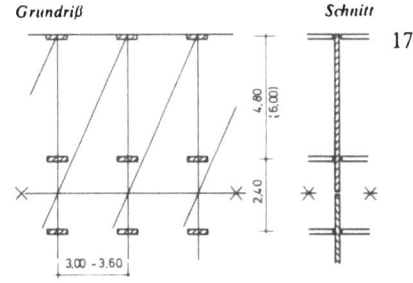

Darüber hinausgehende wirtschaftliche Vorteile können schwerer nachgewiesen werden und erst recht nicht bei einzelnen Projekten, da Sondervorschläge aus der spezifischen Situation einer Firma billiger sein können. Bei dem Vergleich sind jedoch sämtliche Konsequenzen des Sondervorschlages zu verfolgen.

Das Vergabeverfahren nach Leistungsverzeichnis, aber auch nach funktionaler Leistungsbeschreibung gestattet den direkten Vergleich der einzelnen Konstruktionen nicht. Es läßt den Preis eines Bauwerkes ermitteln, aber es ermöglicht kaum begründete Folgerungen für weitere Planungen, da die Kosten der einzelnen Bauteile selbst von den Firmen nicht in vergleichbarer Form angegeben werden können. Daher ist es erforderlich, das Vergabeverfahren auf die Bauteilbeschreibung umzustellen, wobei die Geräte, die bei der Baustelleneinrichtung aufgeführt werden, anteilig nur auf die Bauteile umgelegt werden, zu deren Herstellung oder Versetzen sie erforderlich sind.

So wäre es möglich, die finanziellen Konsequenzen der planerischen Entscheidungen direkt zu erkennen und Fehlentwicklungen dadurch eher zu vermeiden.

Aus: Bauwelt, Heft 23/1978

Literatur

Fesel, G., *Polónyi,* S.: Basys (Bausystem), Bernd Fesel und Partner, Darmstadt, 1977
Imbau Uniplan Tragwerke, 2. Auflage 1975
Nickel, W.: Betriebssystem und Kostenrechnung bei industrialisiertem Bauen, Dissertation; Universität Dortmund 1977
Polónyi, S., *Dicleli,* C.: Kosten der Tragkonstruktionen von Skelettbauten. Verlagsgesellschaft R. Müller, Köln 1976
Polónyi, S.: Betrachtungen über Lastannahmen und Durchbiegungsbeschränkungen. Die Bautechnik, Heft 3/1976
Polónyi, S.: Die merkwürdige Denkart der Bauingenieure – dargestellt an zwei Beispielen der Entwicklung von Stahlbetonfertigteilkonstruktionen. Bauwelt, Heft 31/1976
Polónyi, S.: Konsequente Brandschutzmaßnahmen. Bauwelt, Heft 6/1973
Polónyi, S.: Das Effektivitätsprinzip im Brandschutz. Brandsicheres Bauen mit Stahl. Stahlbauverein Bayern e.V., Stahlbauvereinigung Baden-Württemberg. 1975
Polónyi, S.: Kostenkontrollierte Planung – Planung der Tragkonstruktionen von Skelettbauten, Element + Fertigbau, Heft 5/1976
Staatliche Neubauleitung Marburg, Kurt Schneider: Ein Bausystem für Hochschulinstitute – Die Wettbewerbsergebnisse, Bauwelt, Heft 30/1963
Staatliche Neubauleitung Marburg, Kurt Schneider: Ein Bausystem für Hochschulinstitute – Universitätsbau in Marburg. Bauwelt, Heft 31-32-1964

Überlegungen zum Holzbau

Einleitung

Wir sind „naturbewußter" geworden. Das drückt sich dadurch aus, daß heute wieder die sogenannten natürlichen Baustoffe bevorzugt werden, nämlich Holz und Ziegelstein.
Eine Klassifizierung mit dem Begriff „natürlich" ist jedoch nicht haltbar. Alle Materialien einschließlich der Kunststoffe sind Naturprodukte, da sie aus Stoffen hergestellt werden, die in der Natur vorkommen. Es wäre also sinnvoller, für die Klassifizierung eine Grenze einzuführen, die durch die Art und Anzahl der Umwandlungsprozesse definiert ist. Ohne eine solche Grenze kommt man in Schwierigkeiten: Der mit Zementleim verbundene Sand und Kies wird nicht als Naturprodukt angesehen, jedoch das mit Kunstharz zusammen-„geleimte" Holz. Ebenso wird der aus Eisenerz mit Hilfe hoher Temperatur gewonnene Stahl nicht als natürlicher Baustoff akzeptiert, der aus Ton gebrannte Ziegel aber wohl.
Für so eine Klassifizierung, die letzten Endes ein Werturteil ist, scheint die Einteilung in „traditionelle" und „nichttraditionelle" Baustoffe schon eher brauchbar, obwohl damit z. B. der Beton nicht eindeutig einzuordnen ist.
Über das Recycling käme man dem Problem schon etwas näher, wenn nur der Stahl hier nicht so gut abschneiden würde.
Es ist müßig, durch derartige Kriterien einem Baustoff den Vorzug zu geben.
Der Holzbau bedarf so einer Argumentation nicht. Er kann sich behaupten, da das Holz recht brauchbare Eigenschaften hat und es von dem Vor-

1 Sprengwerk mit Bogenkonstruktion (Schweiz)

2 Geeignete statische Systeme für Stahlbetonfertigteil-Hallenkonstruktionen

3 Geeignete statische Systeme für Stahl-Hallenkonstruktionen

kommen und der Bearbeitung her für viele Bauaufgaben wirtschaftlich ist.

Obwohl der Nagel bereits seit Jahrtausenden bekannt war, setzte er sich im Bauwesen erst in unserem Jahrhundert durch. Die Ursache dürfte die Korrosionsanfälligkeit gewesen sein. Man war bemüht, die Konstruktion so zu konzipieren, daß Anschlüsse ohne metallische Teile auskamen. Es wurden Tragwerksysteme entworfen, bei denen in die Druckanschlüsse die großen und in die Zuganschlüsse die kleinen Kräfte geleitet, bzw. die Zugkräfte über Druckanschlüsse übertragen werden. Das klassische Beispiel hierfür ist das Sprengwerk. Hier ist die Kraft, die in der Regel mit Holzstabdübel aus dem Hängestab in den Zuggurt geleitet wird, relativ klein. Die Doppelung des Sprengwerkes und deren Kombination mit Bogenkonstruktion demonstriert die materialgerechte Anwendung des Baustoffes Holz.

Der *Baumeister* hat in Konstruktionen gedacht, wobei ihm die Anschlußmöglichkeiten bewußt waren. In der Ausbildung der *Ingenieure* wird aus dem Streben nach falsch verstandener Wissenschaftlichkeit der Theorie der Vorrang eingeräumt. In der Grundausbildung werden vorwiegend theoretische Fächer gelehrt. Die Statik wird an entmaterialisierten statischen Systemen verständlich gemacht. Darauf ist zurückzuführen, daß wir Ingenieure in statischen Systemen denken und nicht in Konstruktionen. Das heißt, daß die statischen Systeme über ihre Aufgabe – Verdeutlichen des Kräfteverlaufs und Ermöglichen der Quantifizierung – hinaus an Bedeutung gewonnen haben und entwurfsbestimmend wurden.

2 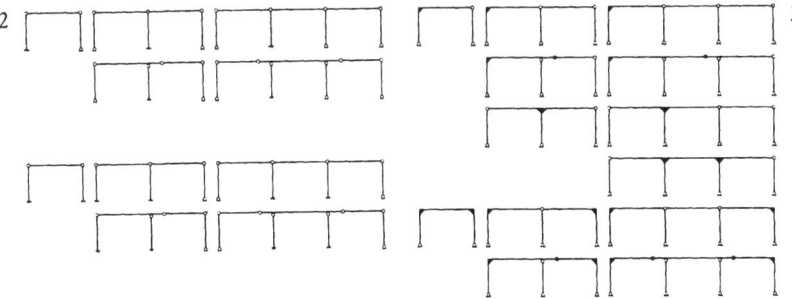 3

Unterschiedliche Materialeigenschaften machen verschiedene statische Systeme sinnvoll. Um dies zu veranschaulichen, zwei Beispiele:
• Mit Stahlbeton-Fertigteilen ist ein biegesteifer Anschluß mit vertretbarem Aufwand lediglich zwischen Fundament und Stütze, nicht aber zwischen Rahmenstil und Riegel machbar.
• Bei Stahlkonstruktionen ist ein biegesteifer Anschluß zwischen zwei Stahlstäben unproblematisch und auch kaum aufwendiger als ein Quasigelenk. Der biegesteife Anschluß zwischen Fundament und Stütze ist unangenehm.
Der moderne Holzbau wird durch die Ingenieurholzverbindungen gekennzeichnet. Diese ermöglichen mit Hilfe von Stahlteilen beinahe alle geometrischen Kombinationen der Tragelemente. Die Entwicklung der letzten Jahrzehnte zeigt das Bestreben, die Anwendbarkeit des Holzes für alle Tragwerksarten zu demonstrieren.
Nachfolgend soll überlegt werden, ob dabei das Holz „vergewaltigt" worden ist und wieweit die Suche nach holzgerechten Tragwerksformen ausgeblieben ist.

Grundlagen

Der Verfasser rechnet mit dem Verständnis des Lesers, wenn er nachfolgend einige wohlbekannte Fakten wiederholt, die für das Konstruieren mit Holz besondere Bedeutung haben.
Die *Handelsformen* sind vom Wachstum her stabartig.

Die *Festigkeitseigenschaften* zeigen große Unterschiede in Faserrichtung und quer zur Faserrichtung. Während zwischen der Druck- und Zugfestigkeit in Faserrichtung keine wesentlichen Unterschiede konstatiert werden, beträgt die Druckfestigkeit quer zur Faserrichtung etwa ein Viertel der Festigkeit in Faserrichtung. Die Zugfestigkeit quer zur Faserrichtung ist gering; daher wurde hierfür keine zulässige Spannung in der DIN 1052 angegeben. (Für die Beanspruchung aus Umlenkkräften wird die zulässige Querzugspannung mit 0,25 N/mm^2 angesetzt.)
Das bedeutet freilich nicht, daß Zugspannungen quer zur Faserrichtung in den Bauteilen örtlich nicht auftreten. Dies ist in biegesteifen Anschlüssen mit Nägeln, Stabdübeln und Dübeln nicht zu vermeiden. Der Tragfähigkeitsnachweis erfolgt jedoch unter Außerachtlassung dieser Zugspannungen.
In der DIN 1052 fehlt ebenso die Angabe eines zuverlässigen Wertes für das Abscheren quer zur Faserrichtung. Dies wird seinen Grund darin haben, daß diese Beanspruchung nicht aufgebracht werden kann, ohne vorher die zulässige Druckspannung quer zur Faserrichtung zu überschreiten. Das bedeutet, daß z. B. zylindrische Holzdübel lediglich auf Lochleibung untersucht werden müssen.
Die *Verbindungsarten* werden eingeteilt in zimmermannsmäßige Verbindungen, die mit Querschnittsschwächung verbunden sind, und ingenieurmäßige, die in der Regel ohne Querschnittsschwächung auskommen. Die Querschnittsschwächung soll nicht nur als Nachteil angesehen werden, sondern vielmehr als eine Herausforderung an den Ingenieur, die Konstruktion so zu konzipieren, daß die Querschnittsschwächung nicht an Stellen angeordnet ist, die für die Querschnittswahl maßgebend sind. Wir werden feststellen, daß die zimmermannsmäßigen Verbindungen heute noch immer ihre Berechtigung haben, auch schon deshalb, weil sie bei Einsatz moderner Arbeitsgeräte mit geringem Lohnaufwand herstellbar sind.
Die ingenieurmäßigen Verbindungen werden in der Regel mit verzinktem Stahl hergestellt, da Edelstahl zu teuer ist. Dabei ist früher oder später mit Korrosionsproblemen zu rechnen, wenn nicht die Luftfeuchtigkeit entsprechend niedrig gehalten wird.

Nichtholzgerechte Tragsysteme

Das *Fachwerk* kann nicht mehr als holzgerechtes Tragsystem angesehen werden, wenn im Falle großer Spannweiten außer den Holzverbindungsmitteln zusätzliche Stahlteile für die Ausbildung der Knoten erforderlich sind. Dann erreicht man bald einen Stahlbedarf, bei dem sich die Frage stellt, ob die Konstruktion nicht allein aus dieser Stahlmenge hergestellt werden kann. Es scheint auch widersinnig, daß das Material mit hohen Festigkeitseigenschaften – nämlich der Stahl – zum großen Teil nicht in Tragrichtung, sondern quer dazu, lediglich als Verbindungsmittel, angeordnet wird.

Der *Trägerrost* ist ein Tragsystem, das lediglich in Ortbeton vernünftig hergestellt werden kann. Aus Fertigteilen – Stahl und Holz sind Fertigteile – kann der Trägerrost lediglich in Fällen einer außergewöhnlichen architektonischen Qualität entschuldigt werden, wie z. B. bei der National-

4 Verbindungsmittel „Stahlbolzen" beim Stoß eines Fachwerkuntergurtes

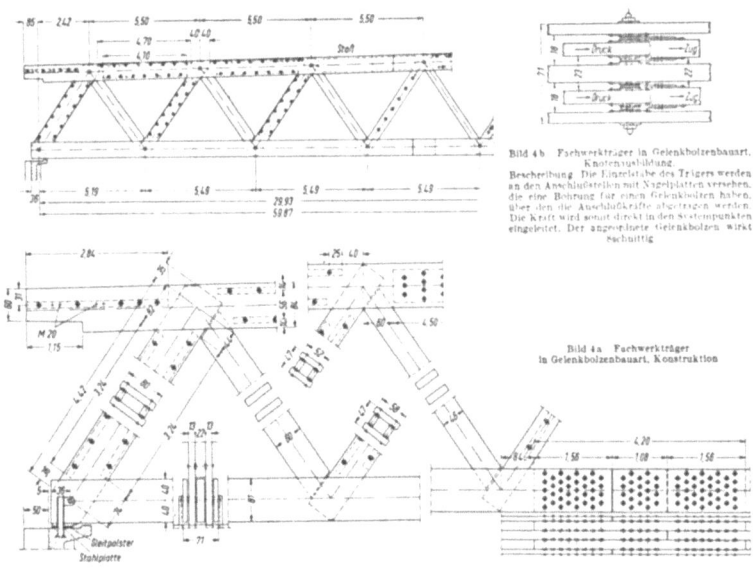

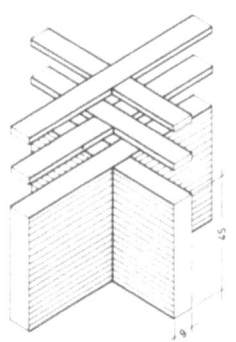

5 Stahlbetonträgerrost
Museum
der Klöckner Humboldt Deutz AG.
Architekten: Hentrich & Petschnigg

6/6a Holzträgerrost mit gestoßenen
Brettzwischenlagen

7 Holzträgerrost mit vorgefertigten
Brettschichtholzkästen

8 Stahlträgerrost. Nationalgalerie Berlin
Architekt: Ludwig Mies van der Rohe

galerie in Berlin von Mies van der Rohe. Die Bleche, die vom Walzvorgang her schmal und lang sind, wurden kurzgeschnitten und zum Trägerrost zusammengeschweißt. Das hat in der Dachkonstruktion 13 km Schweißnähte ergeben.
Der Holzträgerrost mit wechselnd durchgeführten Brettern in Brettschichtholzausführung ist nicht nur wegen der Baustellenleimung fraglich, sondern auch wegen des Holzverbrauchs: die Hälfte der Bretter sind Futterstücke. Die vorgefertigten Brettschichtkästen eliminieren die Baustellenleimung, dafür ergeben sich Stöße in jedem Kreuzungspunkt und damit an der Stelle der größten Beanspruchung.
Aus Fertigteilen kann kein Tragsystem errichtet werden, das in beide Richtungen die gleichen Trageigenschaften hat, es sei denn, konstruktive Inkonsequenzen werden in Kauf genommen. Diese liegen außer in den sonst nicht erforderlichen Stößen in der Montage. Entweder wird der Trägerrost auf dem Boden zusammengesetzt und dadurch die Verlegearbeit verdoppelt, oder er muß eingerüstet werden.

Thonet

Das Signet der Firma Thonet verdeutlicht die 150 Jahre alte Erfindung. Thonet hat für seine Möbel aus den Holzeigenschaften die richtigen Schlüsse gezogen. Diese sind:
- Anschlüsse, insbesondere Eckanschlüsse, sind in Holz schwierig auszuführen und daher zu vermeiden;
- die Krafteinleitung muß in Faserrichtung erfolgen, da die Festigkeit in Faserrichtung höher ist;
- Stumpfstoß ist nicht machbar, daher Parallelführung der anzuschließenden Stäbe.

Thonet hat seine Möbel so konzipiert, daß diesen Erkenntnissen soweit wie möglich gefolgt wird. Dies konnte er tun, indem er dünne Buchenholzstäbe unter Dampf verformte. (Dort wo das System verlassen wird, wie z.B. an der Verschraubung der Stuhl-Hinterbeine mit dem Aussteifungsring, ergeben sich heikle Probleme, vor allem wenn der Knotenpunkt durch Wippen oder Balancieren außergewöhnlich beansprucht wird.) Thonet hat – alles in allem – ein Konstruktionsprinzip ersonnen, das zeitlose gestalterische Möglichkeiten bietet.

Das Thonet-Prinzip im Bauwesen

Das Thonet-Prinzip konnte auf die Baukonstruktionen keinen Einfluß haben, da man seinerzeit nicht in der Lage war, gekrümmte Stäbe mit Abmessungen, die für Tragkonstruktionen erforderlich sind, herzustellen. Inzwischen verfügen wir mit den Brettschichthölzern über ein geeignetes Verfahren. So müssen wir die Frage stellen, wieweit das Thonet-Prinzip auf die Tragkonstruktionen übertragbar ist.

Bogen- und Rahmenkonstruktionen
Der Leimholzbau hat seine Möglichkeiten am überzeugendsten bei den Bogenkonstruktionen gezeigt. Werden die Bögen nicht auf der Baustelle geleimt, so werden sie in transportierbare Schüsse zerlegt, wobei sich die Frage der Anschlüsse stellt.
Während bei Stahlbeton-Fertigteilen ein biegesteifer Anschluß mit vertretbarem Aufwand nicht machbar ist, ist beim Stahl und Holz ein exaktes Gelenk teurer als der biegesteife Anschluß, insbesondere dann, wenn dieser im Bereich einer geringen Momentenbeanspruchung angeordnet ist.

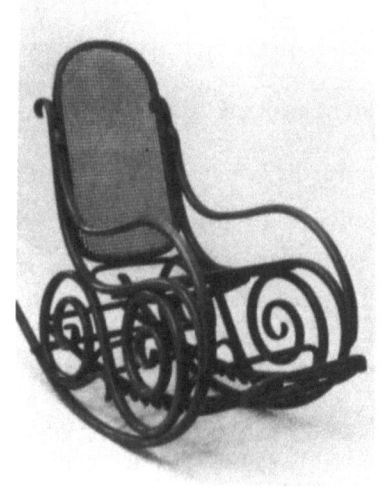

9 *Thonet-Schaukelstuhl und Firmenschild der Firma Thonet, Wien*

Die Kosten von Quasigelenken kommen den biegesteifen Anschlüssen etwa gleich.
Die Anschlüsse zu den Fundamenten sind bei Holzkonstruktionen in der Regel wie bei Stahlkonstruktionen zweckmäßigerweise gelenkig (Anprallasten sind in diese Betrachtung nicht einbezogen).
Das maximale Moment ist beim Zweigelenk-Bogen/Rahmen kleiner als beim Dreigelenk. Einen Dreigelenk-Bogen/Rahmen wird man vorwiegend bei hohen Hallen entwerfen, die aus zwei Teilen in der endgültigen Lage zusammengesetzt werden. Dabei erfolgt die Montage entweder mit zwei Kränen oder mit einem Hilfsgerüst. In diesem Falle ist ein Scheitelgelenk angebracht, das jedoch mit Laschen für die weiteren Lasten biegesteif gemacht werden kann.
Bei flachen Hallen mit größeren Spannweiten wird der Bogen/Rahmen aus Transportgründen in drei Teilen gefertigt. Der biegesteife Anschluß liegt im Bereich des Momentennullpunktes. Wenn man die Stielelemente zweiteilig, den Riegel einteilig ausbildet, so bekommt man eine Anschlußmöglichkeit entsprechend dem Thonetschen „Parallelführungsprinzip". Hierbei müßte noch untersucht werden, ob nicht ein Anschluß

10 Halle mit geleimten Holzbogenbindern.
Daneben:
Stützlinie eines Zweigelenkrahmens
Stützlinie eines Dreigelenkrahmens

11 Rahmenecke nach dem „Parallelführungsprinzip"

12 Baumstütze. Freizeit- und Badezentrum, Berlin-Neukölln.
Architekten:
E. Schneider-Wessling, P. Seifert
Ingenieure: S. Polónyi und H. Fink

13 Bogensystem einer Baumstütze

14 Heilig-Geist-Kirche in Schaftlach.
Architekt: B. v. Busse

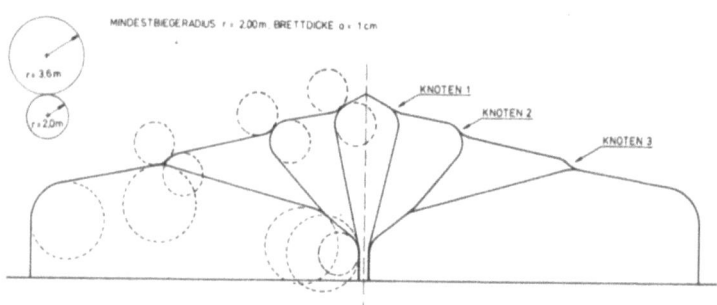

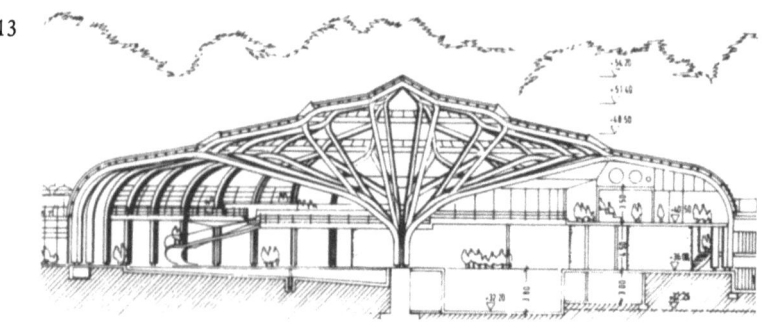

mit längerer Überlappung und dementsprechend mit weniger Verbindungsmittel besser ist.
Die abgerundeten Ecken vermeiden die unangenehmen Eckstöße.
Diese Zweigelenk-Bogen/Rahmen, die nach dem Thonetschen Prinzip hergestellt sind, haben sich nicht zuletzt wegen ihrer Wirtschaftlichkeit bereits verbreitet.
Aus dieser Überlegung ergibt sich, welche Rahmensysteme für die Bauart Holz sinnvoll sind.

Baumstütze
Die baumartig verästelte Stütze hat ihre architektonischen Reize. Sie ist auch statisch konsequent. Sie bietet dem Dach eine Lagerung mit kleinen Spannweiten bei großem Stützenabstand. Die Lasten werden nach unten gehend in immer dicker werdenden Stäben gesammelt. Die Stabrichtungen sind so festzulegen, daß die unteren Stäbe in der Richtung der Resultierenden der Kräfte aus den oben anschließenden Stäben infolge dominanter Belastung liegen. Der Holzleimbau ermöglicht es, die Brettschichthölzer so gebogen herzustellen, daß diese parallel zu dem anschließenden Stab geführt werden können und hier ohne besonderen Stahlknoten lediglich mit Bolzen und Dübeln nach dem Thonetschen Prinzip angeschlossen werden.

Räumliches Bogensystem mit Baumstützen
Führt man die Äste der Baumstütze zu einem räumlichen Bogensystem zusammen, so bieten sich dem Architekten viele Gestaltungsmöglichkeiten.

Unterspannter Träger – Fachwerk

Die Gurte der Fachwerkträger sind durchgehende Kanthölzer. Da als Brettschichtholz größere Querschnitte zur Verfügung stehen, sollte bei größeren Spannweiten erst untersucht werden, ob nicht ein unterspannter Träger eine wirtschaftliche Lösung bietet.
Für die Unterspannung eignen sich besonders Gewindestäbe. Die Krafteinleitung erfolgt zweckmäßigerweise mit Hartholzstücken.
Wenn man den Obergurt mit Überhöhungen leimt, kann man bei entsprechender Einteilung der Unterspannung erreichen, daß im Obergurt

17 Untergespannter Brettschichtträger

15 Hyperbolische Paraboloidschale
Architekt: Josef Lehmbrock
Ingenieur: Stefan Polónyi

16 Holzhängedachkonstruktion.
Schwimmhalle Sindelfingen
Architekt: Tober, Sindelfingen
Ingenieur: Frei Otto, Stuttgart

20 Stahlgelenk

18 Fachwerkträger, Übersicht

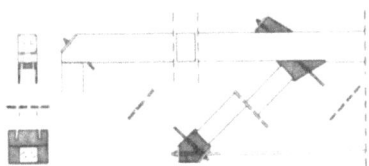

19 Fachwerkträger, Knotenausbildung

die maßgebenden negativen und positiven Momente gleich groß sind unter Beibehaltung einer gewünschten Überhöhung. Ebenso kann dies durch die optimale Lage der Pfosten bei gerade geleimten Brettschichthölzern erreicht werden.
Diese Überlegung weiterverfolgend, kommt man zu Fachwerken, deren Druckstäbe aus Holz und deren Zugstäbe aus Stahl (z. B. aus Gewindestäben) bestehen. So ist es möglich, Fachwerke zu konzipieren, die keine Extra-Knotenelemente aus Stahl haben. Damit entfällt auch das Problem der Krafteinleitung aus dem Stahl in das Holz durch Nägel, Dübel oder Bolzen.
Bei diesen Fachwerken muß auf eine zuverlässige Ermittlung der Windsogkraft geachtet werden, damit sichergestellt ist, daß die Zugstäbe in keinem Fall Druckkräfte bekommen. Da der Obergurt dieser Binder biegesteif ist, kann ein Vorzeichenwechsel der Stabkräfte durch Vorspannung verhindert werden.

Gelenke und Auflager

Im Holzbau bestehen die Gelenke und die Auflager heute in der Regel aus Stahlteilen. Daß Gelenke mit angeleimten Harthölzern wirtschaftlich ausgebildet werden können, wird kaum mehr in Betracht gezogen. Im klassischen Holzbau hat der Zimmermann den Anschluß zu dem Fundament oder zu dem Stein direkt, ohne Zwischenschaltung von Stahlteilen, gefunden. Der konstruktive Feuchtigkeitsschutz kann auch mit entsprechend gestalteten Pfannensteinen gewährleistet werden.

Flächentragwerke

Das stabartige Wachstum steht im Widerspruch zum Flächentragwerk. Die Holzwerkstoffe würden jedoch neue Möglichkeiten bieten, wenn die Baustellenstöße geleimt werden könnten. Noch schwieriger ist die Leimung in der gesamten Fläche, wie sie z. B. bei hyperbolischen Paraboloid-Schalen aus Brettern erforderlich ist. Sollten die Probleme aus Flächenpassung, Temperatur und Feuchtigkeit gelöst sein, so wird man für die Erzeugung des Anpreßdruckes doch auf Schraubnägel oder Holzschrauben zurückgreifen müssen. Diese können dann gleich für den statischen Nachweis angesetzt werden. Dies auch schon deshalb, weil die Güte der

Leimung schwer nachzuweisen ist. So kann sie lediglich zur Verringerung der Formänderung dienen.
Das Hauptproblem dürfte jedoch in dem Anschluß Schale-Randglied liegen, wo man ohne Nagel- und/oder Bolzenverbindungen nicht auskommt. Für Holz-Hängedächer — wie z. B. die Schwimmhalle in Sindelfingen — gilt dies ebenso.

Schlußwort

Diese Ausführungen haben weniger zum Ziel, die stählernen Verbindungsmittel aus dem Holzbau zu verdammen, sondern lediglich ihre Anwendung, insbesondere in der Kombination mit Stahlplatten und zusammengeschweißten Blechkonstruktionen, durch sinnvoll konzipierte Tragsysteme einzuschränken.

Während wir bisher beliebige Tragsysteme im Holzbau ausgeführt und viel Energie — auch in der Forschung — dafür aufgewendet haben, die Tragfähigkeit der erforderlichen Anschlüsse nachzuweisen, wäre es sinnvoll, die Möglichkeiten des holzgerechten Holzbaus zu erforschen und diese mit überzeugenden Bauwerken zu dokumentieren.

Aus: Bauwelt, Heft 35/1981

Pfannensteine 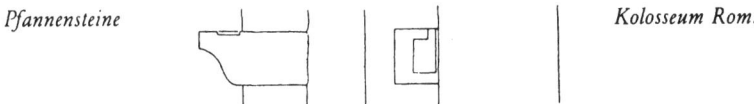 *Kolosseum Rom.*

Literatur

Das Haus Thonet, Herausgeber: Gebrüder Thonet AG, Frankenberg/Eder, BRD, 1969
Götz, K.-H.; *Hoor*, D.; *Möhler*, K.; *Natterer*, J.; Holzbauatlas. Institut für Internationale Architektur-Dokumentation, München 1978
Graefé, R.: Vela Erunt, Die Zeltdächer der römischen Theater und ähnlicher Anlagen, Verlag Philipp von Zabern, Mainz am Rhein, 1979.
Halász, v. R. (Hrsg.): Holzbautaschenbuch, Verlag von Wilhelm Ernst & Sohn, Berlin, München, Düsseldorf 1974
Informationsdienst Holz der Arbeitsgemeinschaft Holz e. V., Düsseldorf, Holzleimbau
Informationsdienst Holz der Arbeitsgemeinschaft Holz e. V., Ingenieurkonstruktionen, S. 12
Paulhans Peters: Klöckner-Humboldt-Deutz AG, Verwaltungsgebäude, Verlag Georg D. W. Callwey, München
Polónyi, S.: Konstruktionsirrtümer. Bauwelt 23/1978
Polónyi, S.: Kostenkontrollierte Planung — Planung der Tragkonstruktionen von Systembauten, Element + Fertigbau 1976, Heft 5

1 Verulkung eines Konstruktion-Elementes.
Portal von der Galleria degli Uffizi in Florenz
Architekt: Bernardo Buontalenti. Foto: Feld

2 Die in die Wand eingeschnittene Stütze ist Schwächung, keine Verstärkung.
Interieur der Vorhalle der Bibliothek St. Lorenzo in Florenz.
Architekt: Michelangelo

Der Tragwerkingenieur und die modernen Architekturen

Ein Orientierungsversuch

Durch das Auftreten der Postmoderne ist in der Architektur eine Polarisierung eingetreten. Dabei wird man eine Änderung in der Einstellung der Architekten zum Tragwerk feststellen. Das kann den Tragwerksingenieur nicht unberührt lassen; er wird zur Neuorientierung gezwungen.
Dem Architekten und Architekturtheoretiker/-historiker/-kritiker werden die Begriffe, Definitionen, Ein- und Zuordnungen mit Sicherheit sehr verkürzt vorkommen. Dies ist Absicht. Ein Tragwerksingenieur wird sich nicht anmaßen, das Geschehen in der modernen Architektur beschreiben zu wollen. Daher werden die Charakteristika der Stilrichtungen nur soweit beschrieben, wie sie für die angesteuerte Aussage von Bedeutung sind.
Der Schwerpunkt dieser Betrachtung ist in der Bundesrepublik angesiedelt, sie wird jedoch für die meisten sogenannten westlichen Länder zutreffen.
Die Nennung von Namen würde einiges plausibler machen. Trotzdem wurde darauf verzichtet, weniger, um Fehleinschätzungen zu vermeiden, sondern eher, um der Schwierigkeit der Auswahl aus dem Wege zu gehen. Die Westdeutsche Architektur richtet sich nach 1945 an wenigen Vorbildern aus: „Bauhaus", Le Corbusier, CIAM (Congrès Internationaux d'Architecture Moderne, gegründet 1928). (Scharoun wird aus dieser Betrachtung leider ausgeklammert bleiben, nicht weil seine Bedeutung als gering angesehen wird, im Gegenteil. Man behauptet, wie auch von seinen Bauten ablesbar, daß er der Konstruktion wenig Beachtung schenkte. Es ist jedoch nicht auszuschließen, daß ihm der Ingenieurpartner fehlte, der mit

ihm seiner Formvorstellung entsprechende konsequente Tragkonstruktionen entwickelt oder vorgeschlagen hätte.) Bezüglich der Konstruktion strebte man die Ablesbarkeit des Tragverhaltens an. Es ging um die „konstruktive Ehrlichkeit", was das auch immer bedeuten sollte. Etwa gleichzeitig erschienen die Bücher „Logik der Form" von Torroja (deutsch 1961) und „Strukturformen der modernen Architektur" von Siegel (1960), die versuchen, das Tragverhalten und die sich daraus ergebende Konsequenz für die Form plausibel zu machen. Die Wirkung dieser Bücher auf die Architektur ist mehr oder weniger ablesbar, in Baden-Württemberg zum Beispiel an den V-Stützen.

Als Ende der 60er Jahre die Probleme der Gestaltung von soziologischen Fragen in den Hintergrund gedrängt wurden, wurde das Prinzip der „konstruktiven Ehrlichkeit" nicht angetastet.

Und als später aus dem sozialen Impetus heraus, die Bedürfnisse der Massengesellschaft zu befriedigen, die industrielle Fertigung angestrebt wurde, ist die Ablesbarkeit des Tragverhaltens um die Komponente der herstellungstechnischen Zweckmäßigkeit bereichert worden.

Zwar wurde gegen das Prinzip der „konstruktiven Ehrlichkeit" gesündigt — diese Sünde wurde nur selten so hart bestraft wie bei der Berliner Kongreßhalle —, sie wurde jedoch nicht in Frage gestellt. Inzwischen wurden die Konstruktionen immer komplizierter, so daß die Ablesbarkeit schwieriger wurde, wie z. B. bei dem Olympia-Dach in München. Das Prinzip der Tragwirkung kann vom Betrachter erahnt, der Kräfteverlauf aber kaum mehr verfolgt werden. So ist es auch konsequent, von der Ablesbarkeit des Tragverhaltens Abschied zu nehmen, ohne das Prinzip der „konstruktiven Ehrlichkeit" aufzugeben.

Die Konstruktion wurde immer mehr gestalterisches Element, sie wurde sogar Ersatz für die fehlende architektonische Aussage. Ein räumliches Stabwerk ist für einen Effekt immer gut. Damit soll jedoch keinesfalls gesagt werden, daß die Anwendung räumlicher Stabwerke für einen Mangel an architektonischer Phantasie zeugt. Das Gegenteil ist an zahlreichen gebauten Beispielen zu erkennen.

Die Richtung der 50er und 60er Jahre hat sich trotz der Einflüsse aus der soziologischen Betrachtung und aus der industriellen Fertigung im wesentlichen erhalten und weiterentwickelt. Den Hauptstrang dieser Entwicklung möchte ich als pragmatische Architektur bezeichnen. Parallel dazu bildete sich eine Abart: der Konstruktionismus.

Mit Konstruktionismus (nicht Konstruktivismus, darüber später) bezeichne ich diejenige Architektur, die die Konstruktion oder deren Teile, die statisch oder herstellungstechnisch nicht sinnvoll sind, als gestalterisches Element verwendet. Dabei ist die Ablesbarkeit des Tragverhaltens nicht mehr Kriterium.

Bei den „Postmodernen"*, die nach der soziologischen und technologischen Periode wieder die Form in den Vordergrund stellen, sind aus der Sicht des Tragwerkingenieurs zwei Richtungen zu erkennen. Die eine Richtung blickt auf historische Stilrichtungen (Antike, Renaissance) zurück, wobei dieser Einfluß auf die Zuordnung (Achse, Symmetrie, Reihung) und auf die Proportionen beschränkt bleiben kann. Die andere Richtung hat zwar auch eine geschichtliche Basis, jedoch eine nicht so weit zurückliegend: sie stützt sich auf die (russischen) Konstruktivisten. Die historische Orientierung ist allzu gut verständlich. Das Bauhaus hat die geschichtlichen Wurzeln zerschlagen, obwohl die neuen Baustoffe und Technologien hierfür kein zwingender Grund waren. Die Loslösung von den historischen Baustilen kann viel eher der gelungene Versuch gewesen sein, die Repetierung (Neoklassik, Neugotik, Neobarock) zu überwinden.

Bei der postmodernen Architektur handelt es sich höchstens in den „Zitaten" um einen Rückgriff (im Gegensatz zur Nazi- und zur stalinistischen Architektur) – sie ist die Folge einer Rückbesinnung. Interessant ist dabei der starke Einfluß des Manierismus (Spätrenaissance). In der Renaissance hat man den Putz wiederentdeckt. Das wirkte bei der Bauausführung kostenmindernd, da die Steine nicht mehr mit der in der Romanik, aber insbesondere mit der in der Gotik erforderlichen Exaktheit bearbeitet werden mußten. Dadurch verschwand zum Teil die Ablesbarkeit des Tragverhaltens, aber auch die (ornamentale) Oberflächenstruktur. Zur Gliederung und Schmückung der Bauten griff man jedoch konstruktive Elemente auf.

Die Stütze wird in die Wand hineingeschnitten, weshalb sie keine Stärkung, sondern Schwächung bedeutet (Bibliothek St. Lorenzo von Michelangelo). Dreiecksgiebel (Tympanon), die in der Antike lediglich bei Sakralbauten verwendet wurden, und Segmentgiebel, die sich besonders bei

---

* „Postmoderne" wird als Arbeitsbezeichnung angesehen, da z. B. eine charakteristische Bezeichnung fehlt.

der christlichen Architektur zeigen, erscheinen als Dekoration an Profanbauten. Es ging soweit, daß sie durchgeschnitten und daß sogar die Hälften miteinander vertauscht wurden – eine Verulkung der Tragkonstruktion. Nun wird niemand zu sagen wagen, daß die Architektur des Manierismus eine schlechte oder gar keine solche ist. So wird der Tragwerkingenieur akzeptieren, daß bei manchen Bauten der Postmodernen sein Werk, die Tragkonstruktion, nicht einmal gezeigt wird.

Vorwiegend in den USA trifft man auf Resignation der Architekten gegenüber der Technik. Die Tragkonstruktion zu koordinieren und zu gestalten, ist der Architekt noch in der Lage. Die technische Gebäudeausrüstung in seine Formvorstellungen einzubeziehen, übersteigt jedoch zwangsläufig seine Möglichkeiten. Daher läßt er es zu, daß sich die Ingenieure austoben; durch Verkleidung der Konstruktion und Technik schafft er seinen gestalterischen Freiraum.

Die an den Konstruktivisten orientierten Postmodernen denken nicht in konstruktiven Elementen, erst recht nicht in den Elementen der Tragkonstruktion. „Die konstruktivistische Kunst stellte einfache Relationen von den geometrischen Formen dar." Die geometrischen Formen wurden in der Architektur mit konstruktiven Elementen bereichert, wie z. B. mit Bogen. Hier handelt es sich also um die Komposition aus geometrischen, aber auch aus konstruktiven Elementen und nicht um Gebäude, die mit der Tragkonstruktion ausgeschmückt sind. Deshalb kann Arnold Wittich

3

nicht zugestimmt werden, wenn er Nervi zu den Konstruktivisten zählt. Nervi ist ein pragmatischer Architekt, wobei für manche Werke seiner konstruktiven Ornamentik der oben definierte Begriff „Konstruktionismus" zutrifft. Der Konstruktivismus kennt keine Ornamentik, keine Dekoration.

Die geometrischen Körper zueinander in spannungsvolle Beziehung zu setzen, erfordert oft raffinierte Konstruktionen, die nicht unbedingt gezeigt werden. Die Ablesbarkeit, konstruktive Ehrlichkeit werden nicht angestrebt. Durch Aneinanderreihung von konstruktiven Möglichkeiten oder auf andere Weise wird die Konstruktion verulkt im Gegensatz zum Konstruktionismus, der die Konstruktion so überernst nimmt, daß er Konstruktionen ohne konstruktive Zweckbestimmung anwendet.

Es würde zu weit gehen, wenn man von dem Tragwerkingenieur verlangte, sich zu einer dieser Stilrichtungen zu bekennen. Das ist nicht seine Sache. Zwar wird er versuchen, die Architektur nach konstruktiven Gesichtspunkten zu beeinflussen, jedoch keinesfalls dem Architekten eine von ihm nicht gewollte Formensprache aufzwingen.

Am leichtesten wird sich der Tragwerkingenieur mit der pragmatischen Architektur zurechtfinden. Das gemeinsame Entwickeln der Konstruktion mit dem Architekten im frühen Entwurfsstadium und deren spätere Ausarbeitung in den einzelnen Details unter dem Gebot der konstruktiven Ehrlichkeit wird ihn erfüllen.

*3 Konstruktive Elemente
als Dekoration.
Palazzo Farnese in Rom.
Architekt: Antonio Sangallo d.J.*

*4 In Stabwerk aufgelöste
Tonnenschale.
Galleria Frankfurt/M., 1982.
Architekt: Oswald Mathias Ungers
Tragwerksplanung:
Ingenieurbüro für Bauwesen
Polónyi und Fink.
Foto: Winde*

Die größten Schwierigkeiten wird er mit dem Konstruktionismus haben müssen. Sein Part, die Tragkonstruktion, wird für architektonische Effekte mißbraucht. Er muß für die überzogene Konstruktion eine Begründung finden (oder auch nicht). Er wird sich – zumindest innerlich – vom Bauwerk distanzieren.

Mehr Spaß wird es dem Tragwerkingenieur bereiten, die Kunststücke der konstruktivistischen Postmodernen mitzumachen, sie im Sinne des Architekten um eigene Ideen zu bereichern und selbst vielleicht einmal die Konstruktion zu verulken.

Bei den historisch orientierten Postmodernen wird er an der Einfachheit, an der klaren Ordnung des Bauwerkes und damit an dessen Bauteilen Freude finden, wobei er in manchen Fällen bedauern wird, daß seine liebevoll durchgearbeitete Konstruktion durch eine Verkleidung verdeckt wird. Und wenn er eine Konstruktion entwickeln darf, bei der nur nach der Form gefragt wird und wenn sich daraus eine ehrliche und ablesbare Konstruktion ergibt, dann wird bei ihm vielleicht ein wenig Glücksgefühl aufkommen.

Aus: Bauwelt, Heft 3/1984

Literatur

C.I.A.M. 1/2 – Vorbereitender internationaler Kongreß für neues Bauen. Kraus Reprint. Stuttgart: Julius Hoffmann Verlag, 1979
Frommel, C. L.: Der römische Palast der Hochrenaissance, Bd. III. Tübingen: Wasmuth, 1973
Hatje, G. (Hg.): knaurs lexikon der modernen architektur. München-Zürich: Droemersche Verlagsanstalt Th. Knaur Nachf., 1963, S. 149–151
Kell, H. *Sperlich*, H.-G. (Hg.): Das Lexikon der Kunst. Frankfurt/M. – Berlin – Wien: Verlag Ullstein GmbH, 1967, S. 342
Siegel, C.: Strukturformen. München: Verlag Georg D. Callwey, 1960
Torroja, E.: Logik der Form. München: Verlag Georg D. Callwey, 1961

Planen
mit Mies van der Rohe — heute

Mies van der Rohe hat den Stahl im Hallenbau und im Geschoßbau als gestalterisches Element eingesetzt. Abgesehen von den Gewächshäusern, die fast ausschließlich von Gärtnern geplant wurden, war die Stahlkonstruktion bei dem Hallenbauten des 19. und frühen 20. Jahrhunderts nur von innen sichtbar; die Fassade wurde weiterhin konventionell gemauert. Man denke an die großen Bahnhöfe, die Markthallen und Passagen, das Grand Palais in Paris oder die AEG-Turbinenhalle von Peter Behrens in Berlin. Im Geschoßbau, bei Büro-Hochhäusern etwa, übernahmen Stahlstützen die Aufgabe der Lastabtragung, sie wurden jedoch ummauert. Beispiele hierfür sind die Bauten von Sullivan in den USA und von Hoeger in Hamburg.
Mies benutzt die Stahlkonstruktion erstmalig zur Strukturierung des Baukörpers, der Fassade. Diese, für den Ingenieur an sich erfreuliche, Entwicklung ist bauphysikalisch nicht ganz unproblematisch. Die Frage der Korrosion können wir ausklammern. Nicht weil die Lösung im Corten-Stahl liegt, gewiß nicht. Aber wir haben mittlerweile Anstriche, die bei entsprechender Pflege und rechtzeitiger Erneuerung dem Stahl den notwendigen Schutz bieten.
Auch der Brandschutz ist für die weitere Betrachtung nicht von ausschlaggebender Bedeutung: eingeschossige Bauten, Hallen, bedürfen keiner „feuerbeständigen" Tragkonstruktion, es sein denn, daß besondere Anforderungen aufgrund ihrer Nutzung gestellt werden. Bei den Hallen von Mies steht die Haupttragkonstruktion außerhalb der Raumabgrenzung, daher sind die Stützen im Brandfalle nur geringerer Hitze ausgesetzt. Die

Riegel sind durch die Dachkonstruktion vorerst vor Brandeinwirkung geschützt. Im Geschoßbau sind die die Fassade gliedernden Profile nur als Sekundärkonstruktion anzusehen. Die Stützen befinden sich innerhalb des Gebäudes und sind einbetonierte Stahlprofile, oder sie sind aus Stahlbeton. Wenn sie außen liegen, erhält die Ummantelung eine Blechverkleidung.

An dieser Stelle sollten wir die Frage des Temperaturunterschiedes der außen und innen liegenden Konstruktion ansprechen: hier muß mit einem $\Delta t = -40\,°C$ und $+70\,°C$ gerechnet werden. Die dunkel gestrichenen Flächen können sich bis auf $+90\,°C$ aufheizen. Daraus entsteht eine erhebliche Temperaturdifferenz zwischen den verschatteten und den der Sonne ausgesetzten Bauteilen.

In Chicago sah ich einige ältere Bauten, die mit dunklen Steinen verkleidet waren. Ich dachte zunächst, Mies wollte sich seinerzeit diesen Gebäuden farblich anpassen. Sein Enkel Lohan erzählte mir jedoch, daß Mies auf die Frage, warum er seine Bauten anthrazit streichen ließ, geantwortet habe: „Als ich hierher kam, stellte ich fest, daß es wegen der enormen Luftverschmutzung gleichgültig war, welche Farben wir den Bauten gegeben hatten. Nach drei Wochen waren sie sowieso schwarz. Dann können wir sie auch gleich schwarz streichen." Auf diese Weise wurde Anthrazit nicht nur das Markenzeichen von Mies, sondern die dominierende Farbe der modernen Architektur überhaupt. Aber diese Farbe ist bauphysikalisch ungünstig. Das Intourist Hotel in Moskau, eine Mies-Architektur, ist cremefarbig.

Der außen liegende Binder erlaubt einen kleineren umbauten Raum, einen kleineren Grundriß, geringere Fassadenhöhe und damit nicht nur niedrigere Fassadenkosten, sondern auch niedrigere Heizkosten. Die

1 Ludwig Mies van der Rohe: 50 x 50-Haus. Projekt 1951

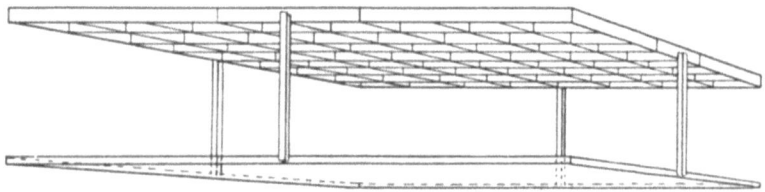

2 Ludwig Mies van der Rohe: Projekt Nationaltheater Mannheim, 1952/53

3 Ludwig Mies van der Rohe: Crown Hall des IIT in Chicago, 1939

Tragkonstruktion ist jedoch aufwendiger: unter dem Binder sind die Hängeprofile angeordnet. Sie durchstoßen die Dacheindeckung und machen hier besondere Abdichtungsmaßnahmen erforderlich. In jedem Fall stellen sie Schwachpunkte dar; Kältebrücken sind nicht zu vermeiden. Die Montage erfordert mehr Zeit, da es komplizierter ist, die Pfetten anzuhängen, als sie einfach auf den Binder zu legen.

Aus statischer Sicht ist der außenliegende Binder nicht nur wegen der höheren Temperaturzwängungen ungünstig. Sofern die Pfetten bzw. die Dachabdeckung oberhalb des Binders liegen, sichern sie den Binder gleichzeitig gegen Kippen. Kann der Binder jedoch nicht durch das Dach gehalten werden, so muß er entsprechend größer dimensioniert sein.

Bei Mies bestand die Abdeckung aus Stahlbetonplatten. Heute würden wir sie aus Trapezblech machen. Um das Dach für die Ableitung der Windkräfte heranzuziehen, muß das Trapezblech als Schubfeld ausgebildet werden. Hierzu wäre ein Zusatzprofil unter dem Binder erforderlich, ebenso wenn in der Dachebene ein Windverband vorgesehen werden soll. Zwar hat Mies gezeigt, wie man saubere Stahlanschlüsse konstruiert – ein Beispiel ist die geschweißte Rahmenecke –, aber um die Herstellungstechnik hat er sich wenig gekümmert.

Früher galt die Regel: *In der Werkstatt wird geschweißt, auf der Baustelle wird geschraubt.*

5 J. Natterer:
Holzträgerrost aus Kästen

4 Frank Lloyd Wright:
Unitarier-Kirche in Oak Park/Jll., 1906

Heutzutage schweißen wir alles, wenn dadurch der Aufwand an Hebezeug nicht größer wird. Das heißt: Wir schweißen dann nicht, wenn ein Bauteil durch den Kran gehalten werden muß, bis die Verbindung hergestellt ist. Aber auch dann nicht, wenn das Element wegen des Schweißanschlusses zweimal angefaßt werden muß. Die Rahmen der Crown Hall beispielsweise sind nicht transportabel. Also mußten die Teile — Stiele und Riegel — zunächst auf den Boden gelegt und von einer Seite geschweißt, dann umgedreht und von der anderen Seite geschweißt werden, ehe sie versetzt werden konnten.
Ich habe Verständnis dafür, daß sich der Architekt bei einem quadratischen Grundriß eine Dachkonstruktion wünscht, die in beiden Richtungen gleich geartet ist. Ein solches System ist der Trägerrost. Meines Wissens ist der erste Trägerrost der Baugeschichte die Unitarian Church von Frank Lloyd Wright in Oak Park/Chicago. Ein Trägerrost sollte konsequenterweise aus Ortbeton hergestellt werden, nicht jedoch aus Fertigteilen; Stahl und Holz sind Fertigteile.
Natterer hat einige Holz-Trägerroste entworfen. Entweder setzt er sie aus Kästen zusammen, wobei gerade an den Stellen der größten Beanspruchungen Stahl-Stöße erforderlich sind, oder er leimt die Bretter abwechselnd, wobei jedes zweite Brett lediglich als Abstandhalter dient.
Für die Nationalgalerie in Berlin hat Mies einen Stahl-Trägerrost geplant. Zwar könnten die Sprossen der Glasfassade das Dach vom Querschnitt her beinahe allein tragen, dennoch hat Mies die Stützen nach außen gelegt, damit die Spannweite möglichst groß wird. (Bitte lassen Sie sich nicht

irritieren: Die großen grünen Granit-Pfeiler im Innern der Halle haben keine tragende Funktion, sie sind lediglich verkleidete Klimaschächte!) Die 1,80 m hohen Vollwandträger des Trägerrostes mußten zuerst am Boden aus Blechen zusammengeschweißt werden. Es war ein sehr schwieriges Problem, die Reihenfolge der Herstellung der Schweißnähte so festzulegen, daß keine großen Spannungen im System allein aus dem Schweißvorgang entstanden. Die Bleche mußten zunächst mit einem leichten Kran auf die Bodenplatte, Decke, gelegt werden. Nach dem komplizierten Zusammenschweißen, mit zahlreichen Überkopfnähten, wurde der fertige Trägerrost an 8 Hubgerüsten mit hydraulischen Pressen gehoben und auf die während des Hubvorgangs eingependelten Stützen abgesetzt.
Die falsche Tragwerkonzeption hatte zu Folge, daß Schweißnähte von insgesamt 14 km Länge erforderlich waren.
Axel Bruchhäuser, eher als Tecta bekannt, ist Mies-Fan. Er wollte einen Mies-Quadrat-Entwurf vor einigen Jahren auf seinem Werksgrundstück realisieren. Vom Entwurf existiert nur ein Grundriß und das Modellfoto. Wir sollten den Entwurf „Mies-gerecht" realisieren, wobei wir uns bei den Details auf die des Farnsworth House stützen sollten. Soweit OK.

6 Ludwig Mies van der Rohe: Nationalgalerie Berlin, 1962–68.
Am Boden zusammengeschweißter Stahl-Trägerrost
vor dem Hubvorgang mittels 8 hydraulischer Pressen

Allerdings sind in den vergangenen 30 Jahren einige wichtige Dinge im Bauwesen passiert:
1. Wir haben, den Scheichs und Allah sei Dank, den Wert der Energie erkannt. Darüber hinaus mögen wir es nicht besonders, wenn die Feuchtigkeit auf kalten Bauteilen kondensiert und heruntertropft. Daher können wir die Profile vom Farnsworth House, aber auch von den anderen Mies-Entwürfen, nicht mehr so ohne weiteres übernehmen.
2. Das Trapezblech ist die wirtschaftlichste Dacheindeckung überhaupt geworden.

Gestatten Sie mir nun bitte, daß ich Ihnen unseren — imaginären — Entwurfsprozeß mit Mies van der Rohe schildere:
Da der Grundriß quadratisch war, bestand Mies auf einem Trägerrost à la Nationalgalerie. Das gefiel mir als Tragwerksplaner aus verschiedenen Gründen nicht:
1. Die Spannweite ist für ein Trägerrost zu klein.
2. Der Trägerrost ist, herstellungstechnisch gesehen, ich sagte es bereits, kein geeignetes System für eine Stahlkonstruktion.

7 Der Stahlträger-Rost der Berliner Nationalgalerie während des Hubvorgangs zum Aufsetzen auf die einpendelnden acht Stützen

8 Trägerrost-Dach der Berliner Nationalgalerie

3. Das Trapezblech trägt in einer Richtung. Diese Tragwirkung ist dem Trägerrost nicht adäquat. Das Trapezblech auf Feldgröße zu schneiden und die Blechrichtung von Feld zu Feld wechseln, bringt zusätzliche, überflüssige Schneide- und Verlegearbeit und hat außerdem den Verlust der Durchlaufwirkung zur Folge.

Im ersten Anlauf konnte nach langer Diskussion in folgenden Punkten Einigkeit erzielt werden:
1. Wir legen die Bleche in eine Richtung und nehmen es in Kauf, daß die Blechtragwirkung dem Trägerrost nicht entspricht.
2. Die Träger des Trägerrostes verlegen wir wegen der Strukturierung der Decke in kleinerem Abstand, als es für das Trapezblech erforderlich bzw. wirtschaftlich wäre.
3. Den Trägerrost werden wir nicht schweißen, sondern mittels Flügelblechen mit Schrauben, also in horizontaler und vertikaler Richtung, mit quasi-Gelenken, anschließen.

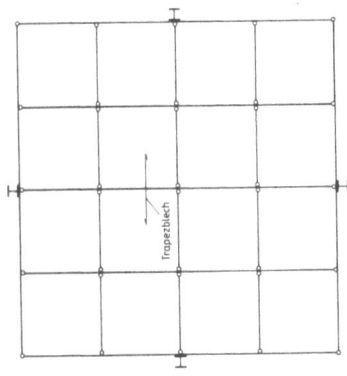

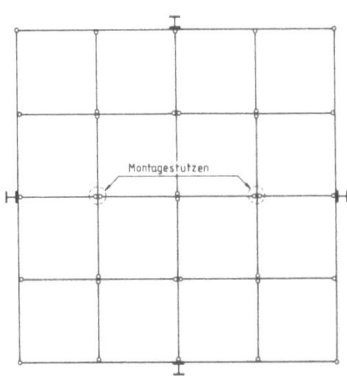

9 Triviallösung: in der einen Richtung die Hauptträger, in der anderen die Zwischenträger, die keine Tragfunktion haben

10 Zweite Lösung: Struktur aus ineinander gehängten Trägern. Für die Montage sind Hilfsstützen erforderlich

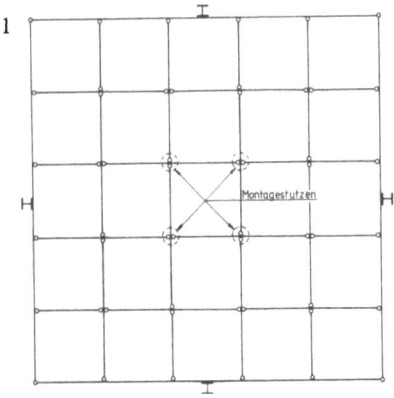

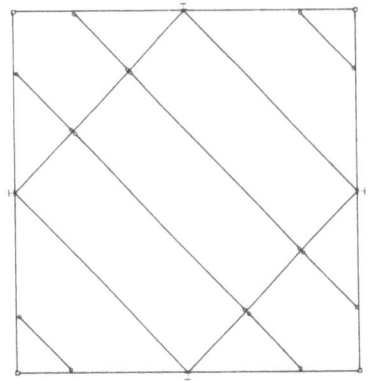

11 Dritte Lösung: Fünfteilung. Bei ihr sind vier Montagestützen erforderlich

12 Vierte Lösung: Hauptträger in Diagonalrichtung. Der überwiegende Teil der Dachlast wird auf die vier Hauptstützen abgetragen

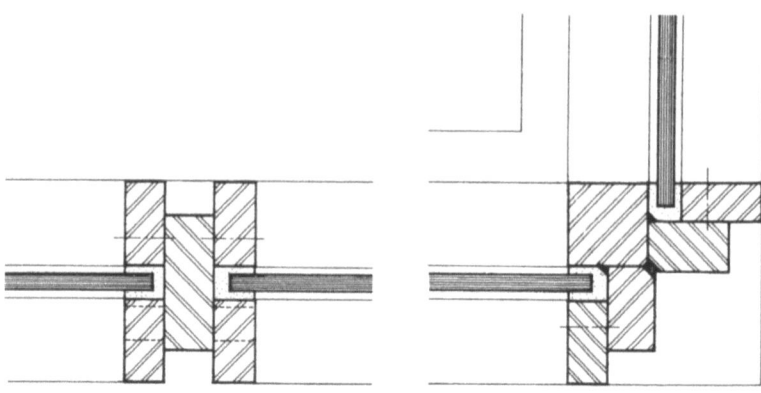

13 Fassadenschnitt. Ungedämmte Glasfassade mit schlanken Profilen

Die Triviallösung, in eine Richtung die Hauptträger und in die andere Richtung die Zwischenträger, die keine Tragfunktion haben, zu legen, fand Mies mies.
Die Struktur mit den ineinandergehängten Trägern fand er schon sympathischer. Ich hatte jedoch Bedenken, da für die Montage Hilfsstützen erforderlich werden würden.
Noch besser gefiel ihm die dritte Lösung mit der Fünfer-Teilung. Hierbei sind vier Montagestützen erforderlich.
Bei den beiden letzten Systemen ist es besonders unangenehm, daß die richtige Lage der Mittelkreuzungen erst beim Einsetzen der im Randbereich liegenden Träger eingestellt werden kann.
Trotz der Montageerschwernisse und der großen Anzahl verschiedener Elemente und Anschlüsse blieben wir jedoch vorerst bei der dritten Lösung.
Bezüglich der Wärmedämmung der Glasfassade konnten wir uns schneller einigen: Die Isolierverglasung hat Mies sofort akzeptiert. Für die Fensterpfosten schlug ich ihm eine Art Gartner-Fassade vor: die beheizten Profile fand er ganz ausgezeichnet, aber er legte großen Wert auf ihre Schlankheit. Schließlich war er mit meinem Vorschlag einverstanden. Die so entstandenen Sprossenabmessungen, so überlegte ich, würden ohne weiteres ausreichen, gleichzeitig auch das Dach zu tragen. Diese Entwicklung der Dinge kam meinen Vorstellungen sehr entgegen, da das System

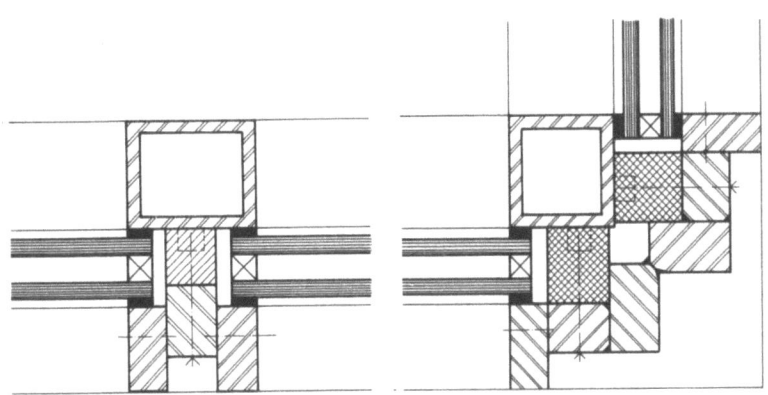

14 Fassadenschnitt. Isolierverglasung mit beheizten Profilen

sonst nur über die Drillmomente um die Ecken herum hätte stabilisiert werden können. Ich hatte jedoch gar nicht die Absicht, den Eckanschluß so drillsteif auszubilden, weil ich ihn nicht schweißen wollte. Damit hätten wir nun eigentlich die Lösung gehabt.

An dieser Stelle beging ich jedoch einen Fehler: Ich erlaubte mir die Bemerkung, daß wir die Mittelstützen nun ja weglassen könnten, da die Fensterprofile problemlos in der Lage seien, die Dachkonstruktion zu tragen. Daruf reagierte Herr van der Rohe wider Erwarten jedoch ausgesprochen ärgerlich: „Ich habe Ihnen ja in vielen Punkten nachgegeben, aber es geht einfach zu weit, wenn Sie als Ingenieur derart in die Architektur eingreifen, daß Sie die Stützen, von denen der ganze Bau hier lebt, einfach weglassen. Die Stützen bleiben auf jeden Fall, auch dann, wenn sie nicht gebraucht werden!"

Wie man sieht, ist es keineswegs einfacher, gemeinsam mit einem verstorbenen Architekten zu entwerfen, weil er noch störrischer sein kann als ein lebender.

Die Stützen mußten also bleiben. Mir war jedoch auch klar, daß ich mit nichttragenden Stützen nie glücklich werden könnte. Wenn wir also derart dominante Stützen vorsehen, so meinte ich, dann müßten sie nicht nur die Lasten übernehmen, sondern diese sollten auch auf dem kürzesten Weg dorthin geleitet werden. So wählte ich für die Hauptträger die Diago-

15/16 Der Pavillon, um den es in dem fiktiven Arbeitsgespräch mit Mies van der Rohe geht, wurde nicht gebaut. Ausgeführt wurde er schließlich nach einem gänzlich andersartigen Entwurf von Stefan Wewerka

nalrichtung. Dadurch wird der überwiegende Teil der Dachlast auf die vier Hauptstützen abgetragen.

Nach den eingangs geschilderten Metamorphosen hatte das System nunmehr eine Haupttragrichtung in der Diagonalen, und der ursprüngliche Trägerrost war dahin. Aber Mies akzeptierte diese Lösung dennoch, da ihm der Lastabtrag durch die Mittelstützen letztlich doch wichtiger war als der Trägerrost. Er ließ mich gewähren. Es schien ihm auch nichts auszumachen, daß sich die Struktur der abgehängten Decke nun nicht mehr nach der Tragkonstruktion richtete.

Aus diversen Gründen ist der Bau dann doch nicht ausgeführt worden. Lohan meinte, daß sein Großvater diesen Entwurf eigentlich nie so richtig ernst genommen habe. Denkbar wäre auch, daß es sich gar nicht um einen echten Entwurf Mies van der Rohes, sondern lediglich um den Entwurf eines Mies-Studenten gehandelt hat. Das mag auch sein.

Der Pavillon, um den es ursprünglich ging, wurde schließlich nach den Plänen von Stefan Wewerka – natürlich ganz anders – gebaut.

Vortrag im Sprengel-Museum in Hannover am 22. April 1986

Der Tragwerksentwurf

Der Entwurf und der statische Nachweis

Die Baumeister vergangener Zeiten hatten ihre Entwurfsregeln. Diese waren im wesentlichen Proportionsregeln, die für ein ausgewogenes Erscheinungsbild, aber auch für die Standsicherheit sorgten. Sie waren nicht im einzelnen aufgeschlüsselt, sondern komplex. Sie basierten auf ganzheitlichen Erfahrungswerten, also auf „Experimenten" ohne Separierung der Parameter. Man kann nicht sagen, welche Betrachtung, die komplexe oder die separierte, höherwertig einzustufen ist. Wir können lediglich feststellen, daß die separierte, die „wissenschaftliche" Betrachtung es vielleicht eher erlaubt, vom Erfahrenen abzuweichen.

Die Architektur ist im Laufe der Geschichte bisweilen mit der Mathematik in Berührung gekommen. Zum Beispiel in der Person des Isidore von Milet, der die Hagia Sophia 532-537 gemeinsam mit Anthemios von Tralles erbaut hat. Da der erste Mathematiker war, schreibt man ihm ohne weitere Beweise die Statik zu. Anthemios von Tralles dagegen war Bildhauer, daher meint man, daß er der Architekt gewesen sein muß. Damit ist es den Baugeschichtlern gelungen, die Aufgabengebiete auf den Nenner der heutigen Arbeitsteilung zu bringen. Als Ergebnis dieser wie auch immer gearteten Kooperation entstand auf jeden Fall ein Bauwerk, dessen Kühnheit und Schönheit erst tausend Jahre später von einem ehemaligen janitscharischen Pionieroffizier übertroffen wurde.

Der Erbauer der St. Paul's Cathedrale (1675-1709) und 60 weiterer Kirchen in London, Sir Christopher Wren, war auch Mathematiker, ehe er sich dem Wiederaufbau der Stadt nach dem großen Brand von 1666 zuwandte.

Sowohl bei Isidore von Milet als auch bei Wren stellen wir fest, daß sie kühne Bauten errichtet haben, aber es ist uns nicht bekannt, es ist für uns nicht erkennbar, auf welche Weise ihre mathematischen Kenntnisse in die Architektur eingeflossen sind.

Die Geburt der Statik als Wissenschaft in unserem Sinne wird auf das Jahr 1743 datiert, als die „tre mattematici", die Minoritenmönche Le Seur und Jaquier sowie der Jesuit Boscovich, ihr Gutachten über die Ursachen der Risse in der Kuppel des Petersdoms in Rom vorlegten. Die Sanierung erfolgte nach den Plänen des Professors für Mathematik an der Universität Padua und Wasserbauingenieurs der Republik Venedig, Giovanni Poleni.

Das Gutachten ist charakteristisch für die ganze weitere Entwicklung der Statik: es war ein NACHWEIS.

‚Entwerfen' heißt Entscheiden. Die Wissenschaft entscheidet jedoch nicht, sie konstatiert. So kann die Wissenschaft Statik lediglich einige Kriterien zum gesamten Entwurfsprozeß beitragen; sie dient zur Überprüfung der Entscheidungen bzw. zur Dimensionierung im Rahmen bereits erfolgter Entscheidungen, sie liefert also „Nachweise". Zum Entwerfen brauchen wir aber VORWEISE, und damit kann die Statik leider nicht dienen.

So müssen wir auch die Frage stellen, ob die Lehre der Statik dem Entwerfen, der Schulung der Fähigkeit zu entwerfen, in dieser Form, wie sie zur Zeit angeboten wird, dienlich ist. Damit ich nicht falsch interpretiert werde: ich stelle nicht die Statik in Frage, sondern deren Didaktik, und zwar sowohl für Architekten als auch für Tragwerksingenieure.

Die Frage läßt sich auch so formulieren: Ist es dem Erlernen des Entwerfens förderlich, wenn man die Reihenfolge des praktischen Planungsablaufes in der Lehre umdreht und erst die Methoden des Nachweises lehrt, ohne vorher einen Entwurfsschritt gemacht zu haben?

Das Entwerfen ist ein induktiver Vorgang. Gemäß dem allgemein vorherrschenden, deduktiven Wissenschaftsverständnis lehren wir auch die Statik und Festigkeitslehre in einem deduktiven Aufbau. Selbstverständlich abstrahieren wir die tragenden Bauteile. Wir abstrahieren sie, bevor die Studenten sie kennengelernt haben, noch ehe sie hätten erfahren können, wie diese Bauteile überhaupt ausschauen. Aus dem Balken wird ein Strich auf zwei Dreiecken. Es ist sogar noch schlimmer: der Balken wird

nicht zum Strich, er ist ein Strich. Er repräsentiert etwas, was die Studenten bisher als Bestandteil eines Bauwerkes so noch nicht bewußt gesehen haben. Der Strich hat natürlich auch kein Eigengewicht, das muß rechnerisch extra draufgelegt werden.
Wir entwickeln aus dem Abstrakten das Stoffliche, anstatt zu zeigen, wie aus dem gesamten Bauwerk durch Abstraktion das Tragwerk rechnerisch erfaßbar wird und wo, wann, welche Abstraktion gestattet und zweckmäßig ist.
Wir Ingenieure haben das Ziel mit den Mitteln verwechselt. Wir waren so begeistert von der Statik, von deren wissenschaftlichem Aufbau, daß wir sie in den Mittelpunkt unserer Tätigkeit setzten. Die „Begnadeten", die diese Wissenschaft betrieben oder nur anwendeten, nannten sich stolz „Statiker"; „Bauingenieur" erschien ihnen zu wenig?! In Wahrheit ist „Statiker" weniger, denn die statische Berechnung ist lediglich ein Teil des Tragwerksentwurfes, sie macht nur einen Teil der Tätigkeit des Tragwerksingenieurs aus. Der Ausdruck „Statiker" beschreibt über die bloße Berufsbezeichnung hinaus recht präzise auch das Berufs*verständnis;* er besagt, daß der betreffende Ingenieur sich auf den statischen Nachweis beschränkt und den wesentlichen Teil seiner Aufgabe, den Tragwerksentwurf, dem Architekten überläßt.
Die Abstraktion, die Abstraktion in die Ebene, führt dazu, daß wir die Konstruktion nicht als räumliches Gebilde erkennen bzw. konzipieren, sondern als eine Addition ebener Tragwerke auffassen. Leonardo da Vinci hat seine „finiten Elemente" in der Regel als räumliche Elemente gezeichnet. Der Balken ist für uns scheinbar immer ein zweidimensionales Element. Daher kommen wir gar nicht auf die Idee, die Bewehrungsform in einem Stahlbetonbalken in der Querebene anzuordnen, und erst recht nicht, die Bewehrung räumlich zu biegen. (Bei kurzen Kragarmen haben wir nach langen Umwegen [angeschweißte Stahlplatte] vor einigen Jahren zu räumlichen Biegeformen gefunden.)
Das zentrisch belastete Fundament setzen wir aus zwei orthogonalen Tragwirkungen zusammen. Die günstige räumliche Tragwirkung, die weniger als 50 % der orthogonalen Bewehrung braucht, haben wir einfach nicht zur Kenntnis genommen. Für die Folgen unserer orthogonalen Ebenen-Betrachtung möchte ich ein Beispiel vortragen: Ein Hotel mit zentraler Halle, also ein Laubenangtyp. Das kann auch die Hälfte eines Mittelgangtyps sein. – Wegen der Nutzung ist im Erdgeschoß (z. B. Restaurant)

und oder im Untergeschoß (Parken) die Stütze unter jeder zweiten Scheibe nicht erwünscht. Infolge der orthogonalen Ebenen-Betrachtung werden die meisten Ingenieure sagen: o. K.! dann fangen wir jede zweite Scheibe mit einem Unterzug ab. Das ist freilich falsch: Das Versatzmoment aus der nur an einem Ende gelagerten Wandscheibe wird durch die Decken aufgenommen und in die Nachbarwände geleitet. Da die Wand- und Deckenscheiben viel steifer sind als der Unterzug, würde dieser Last erst nach Versagen der Scheibenwirkung erhalten. Daher darf man keinen Unterzug anordnen, sondern für die Scheibenwirkung muß die entsprechende Bewehrung hineingelegt werden. Die richtige Lösung ist auch die wirtschaftlichste. Der Unterzug entfällt, weshalb die Geschoßhöhe niedriger werden kann. Die eventuelle zusätzliche Bewehrung für die Scheibenwirkung ist nur ein Bruchteil der Unterzugbewehrung.

Einfluß der Lehre der Statik auf das Entwerfen

Die Statik lehren wir entsprechend dem deduktiven Wissenschaftsverständnis deduktiv. Das bedeutet unter anderem, daß das Fach in der Reihenfolge seiner eigenen Logik dargeboten wird. Diese Reihenfolge entspricht aber nicht der planerischen Entscheidungsfolge.
Lassen Sie mich das an einem Beispiel plausibel machen: Wir lernen und lehren zuerst die statisch bestimmten Systeme, an deren Ende schließlich die Fachwerke stehen. So kommt es, daß wir zum Fachwerkträger greifen, wenn ein Walzträger oder Vollwandträger nicht mehr wirtschaftlich ist. Im Hinblick auf den Planungsprozeß müßte jedoch dann, wenn der Walzträger nicht mehr ausreicht, die Frage gestellt werden: „Was muß ich hinzufügen, damit er weiterhin trägt?" Ich muß ihn unterspannen.
Infolge unserer eigenen Ausbildung denken wir aber nicht an diese Lösung, weil wir den unterspannten Träger erst nach dem Fachwerkträger gelernt haben, denn er ist statisch unbestimmt.
Wenn die Spannweite anwächst, kann ich zwei Spreizen anordnen. Bei noch größerer Spannweite könnte die Überlagerung von zwei unterspannten Trägern (mit zwei Spreizen und einer Spreize), die ihrerseits ein Fachwerk bilden, die Lösung sein; so kann ich vom Planungsvorgang her induktiv zum Fachwerkträger gelangen.
Dieser Träger hat jedoch keine Gelenke, erst recht nicht im Obergurt. Die Einschaltung von Gelenken war früher zur Vereinfachung der — sonst

sehr mühsamen – Berechnung wichtig. Heute stellt eine derartige Berechnung mit Hilfe von Computern kein Problem mehr dar. Wir brauchen daher Fachwerkträger weder mit Gelenken zu lehren, noch darauf zu bestehen, daß die Stabachsen sich in einem Punkt treffen sollen. Die Biegefreiheit im Knoten ist nur ein Kriterium, die konstruktive Ausbildung, die Herstellung, können Vorrang haben, so daß man die Exzentrizität gegebenenfalls gerne in Kauf nimmt.

Auf den unterspannten Träger werden wir später noch im Zusammenhang mit den Beispielen zurückkommen.

Das Ziel der Statik ist das Berechnen der Tragwerke. Daher wurden überall da, wo es möglich war, Gelenke eingeschaltet, damit das System statisch bestimmt oder möglichst wenig statisch unbestimmt ist. Das Wichtigste war also in erster Linie die Rechenbarkeit, nicht die optimale Tragwirkung und auch nicht eine möglichst wirtschaftliche Konstruktion. Anders gesagt: wir benutzen zwar nicht mehr den Rechenschieber, aber die Statik lehren wir zum Teil noch immer so, als ob wir sie mit dem Rechenschieber rechnen müßten. Es wird Zeit, daß wir die veränderte Situatin endlich zur Kenntnis nehmen, und zwar nicht um der eleganteren Statik willen, sondern im Interesse eines besseren Tragwerksentwurfes.

Für einen Maschinenbauingenieur ist es völlig unverständlich, wenn wir an Stellen, wo keine Bewegungen stattfinden, Gelenke einsetzen oder von Gelenken sprechen. Die Natur kennt auch nur dort Gelenke, wo Winkelverdrehungen notwendig sind; Abzweigungen bildet die Natur nicht gelenkig aus. Wir haben aus unserem statischen Unvermögen ein Konstruktionsprinzip gemacht.

Die herkömmliche Lehre der Statik hat folgende Konsequenzen:
- wir trimmen die Konstruktion in Richtung der gelernten statischen Systeme, die nach dem Gesichtspunkt der einfachen rechnerischen Erfassung gebildet werden;
- wir erwägen die Anwendung der diversen Träger gemäß der Hierarchie, die uns selbst in der Ausbildung vermittelt wurde (so kommen wir gar nicht bis zu dem sehr günstigen unterspannten Träger, sondern hören bereits beim Fachwerk auf nachzudenken);
- wir gehen davon aus, daß jedes statische System in jeder Bauart erstellt werden kann, da die Statik die Baustoffeigenschaften und erst recht die Ausbildung der Verbindungen bei der Ermittlung der Schnittkräfte völlig ausklammert. Das würde ich gerne an einigen Beispielen deutlich machen,

aber es nimmt hier zuviel Zeit, und ich muß leider darauf verzichten.

Entwurfsprinzipien

Ich denke, nach dieser Betrachtung können wir einige Entwurfsprinzipien formulieren:
1. Jede Baukonstruktion, sogar der Balken, ist räumlich, und daher muß sie auch räumlich betrachtet werden;
2. Ziel ist nicht die Überbrückung der Spannweite, sondern die Abgrenzung des Raumes oder die Bildung einer Plattform;
3. daraus folgt: zuerst wird überprüft, was aus anderen Gründen bereits vorhanden ist, und wie das, was vorhanden ist, ausgebildet werden muß, bzw. was noch hinzugefügt werden muß, damit das Ganze trägt.

Bevor ich die Anwendung dieser Entwurfsprinzipien an Bauten, bei denen ich mitwirken durfte, zeige, möchte ich als Zeuge für diese Prinzipien eine historische Persönlichkeit aus einem anderen Kulturkreis strapazieren. Wir hier in Mitteleuropa beachten die islamische Architektur kaum. In der Tat ist das menschliche Erdendasein aus der Sicht des Islam so vorübergehender Natur, daß es sich gar nicht lohnt, dafür zu bauen. Das traf jedoch in der Vergangenheit weder auf die Moscheen zu noch auf jene Stiftungen, die meistens aus einer Moschee und weiteren sozialen Einrichtungen bestanden, wie Medrese (Koranschule), Hammam (Bad), Türbe (Grabmal). Gebaut wurden auch Karavansereien (Rasthäuser), Imaret (Armenspeisehäuser), Bazare und Krankenhäuser. Bei diesen Bauten erbrachten die osmanischen Baumeister bewundernswerte architektonische und konstruktive Leistungen. Der bedeutendste von ihnen war zweifellos der Hofarchitekt von Suleiman dem Prächtigen, der bereits erwähnte ehemalige Janitscharen-Pionieroffizier namens Sinan, der etwa von 1489 bis 1578 lebte. In der Literatur, auch in der türkischen, ist wenig über ihn zu finden, obwohl ihm nicht weniger als 300 Bauwerke zugeschrieben werden. Die einzige Monographie über Sinan stammt von einem Schweizer, von Egli.

Sinan hat offensichtlich, abweichend von der in Europa — besser gesagt: in West-Europa — üblichen Entwurfsmethode, nach der man einen Grundriß zeichnet und darauf ein Dach entwirft, gleich den gesamten Raum gedacht. Sein Baumaterial war der Stein, Naturstein oder künstlicher Stein. Die räumliche Abdeckung eines Zentralraumes mit Stein ist

die Kuppel, präziser ausgedrückt: die Kugelkuppel. Er setzte die Kuppel auf zwei, vier, sechs, acht Halbkuppeln und/oder Bögen.
Dabei stellte sich die Frage: was muß hinzugefügt werden, damit die Halbkuppeln die Hauptkuppel tragen können? Die Halbkuppelschalen müssen am freien Rand eine Verstärkung, in unserem heutigen Sprachgebrauch: ein Randglied bekommen. Damals war das ein Gewölbe. Nun, diese Gewölbe geben jeweils eine Horizontalkraft ab, genannt Bogenschub, den Sinan mit Zugbändern aufnahm. Im Übergangsbereich zwischen Hauptkuppel und den Bögen entsteht jeweils noch eine radiale Horizontalkraft. Was muß konstruktiv noch hinzugefügt werden, um auch diese Kraft aufzunehmen? Hierfür hat Sinan Türme ausgebildet und so einen Teil der Horizontalkraft durch die hohe Auflast kompensiert.
Daß Sinan den in der Haghia Sophia manifestierten Grundgedanken erst tausend Jahre später aufgreift und zur höchsten Vollendung führt, schmälert seine Leistung keinesfalls. In diesen tausend Jahren ist in der Bautechnik keine nennenswerte Weiterentwicklung zu registrieren. Sinan hat herrliche Innenräume in völliger Übereinstimmung von Konstruktion und Architektur geschaffen, Bauwerke, die sich darüber hinaus trotz ihrer Größe harmonisch in die Landschaft einfügen.

Wirtschaftlicher Stellenwert der Tragkonstruktion

Nach diesem geschichtlichen Exkurs möchte ich jedoch auf den etwas profaneren Tragwerksentwurf unserer Tage zurückkommen. Um die Bedeutung des Tragwerkes im Hinblick auf die Wirtschaftlichkeit des Gebäudes richtig einzuschätzen, werfen wir einen Blick auf eine schlichte Lagerhalle. Die Kosten der Fassade betragen etwa 35—50 % der Tragkonstruktion einschließlich der Außenhülle. Daher hat die wirtschaftlichste Halle eine Kreis- oder Achteckgrundriß. Sofern das aus funktionalen Gründen unzweckmäßig sein sollte, muß die Halle einen quadratischen oder annähernd quadratischen Grundriß haben. Wenn die erforderliche Grundrißfläche vorgegeben ist, kann man an den Kosten der Dachdeckung wenig rütteln. Nun stellt sich die Frage: Welche Tragkonstruktion ist die wirtschaftlichste?
Die wirtschaftlichste Tragkonstruktion weist an der Traufe die geringste Konstruktionshöhe auf, weil sich damit die geringsten Fassadenkosten ergeben. Ein Stahlbeton- oder Spannbetonbinder kann noch so billig sein,

er bietet nicht die wirtschaftlichste Lösung, wenn er an der Traufe eine Höhe von 120 cm hat. So stellt sich heraus, daß der alte Polonceau-Binder, der im vergangenen Jahrhundert und noch zu Anfang unseres Jahrhunderts so beliebt war, die optimale Lösung ist. Wenn wir die Bedeutung der Fassadenminimierung erkannt haben, dann sehen wir, daß alles, was wir an der Tragkonstruktion noch zaubern können, im Bereich von 1–2 % der Kosten liegt. Sie sehen, daß die wichtigsten Entscheidungen im Maßstab 1:500 oder 1:200 gefällt werden. Diese Zusammenhänge muß man einfach kennen, um wirtschaftlich entwerfen zu können.

Die Aufgabe des beratenden Ingenieurs beim Tragwerksentwurf

Der Tragwerksingenieur arbeitet auf drei Ebenen mit dem Architekten zusammen:
1. er ermöglicht die Realisierung der Vorstellungen des Architekten;
2. er „veredelt" den Grundgedanken des Architekten;
3. er entwickelt den Entwurf mit dem Architekten gemeinsam.

Der Tragwerksingenieur ist „Erfüllungsgehilfe" der Architekten. Somit wird sein Oeuvre nicht einheitlich sein. Er braucht sich nicht für eine Stilrichtung zu entscheiden; er muß in den verschiedenen „Architekturen" die Qualität erkennen. Ich habe nie versucht, einem Architekten eine andere Architektur einzureden als seine eigene. Meine Bestrebung ist lediglich, die Konstruktion vom Tragverhalten her und herstellungstechnisch konsequent zu gestalten.

Beispiele für die Entwurfsprinzipien anhand eigener Bauten

Beginnen möchte ich mit dem 1986 fertiggestellten
Doppelinstitut für Werkzeugmaschinen und Fertigungstechnik der TU und für Produktionsanlagen und Konstruktionstechnik der Fraunhofer-Gesellschaft in Berlin
Architekten: Fesel und Bayerer

Als Professor Fesel mir die Grundrißskizze im Maßstab 1:200 einer dreischiffigen Rechteckhalle zeigte, stellte ich ihm zwei Fragen:
- Ist eine Erweiterung der Halle vorgesehen?
- Ist eine Abtrennung eines Bereiches beabsichtigt?

Nachdem er beide Fragen verneint hatte, war es klar, daß die Halle einen Kreisgrundriß haben muß. Ich dachte an folgende Vorteile:
- geringste Fassadenfläche,
- die maximal mögliche Grundrißfläche wird vom Kran bestrichen,
- Einsparung mindestens eines Krans,
- einfache Überwachung der Halle von zentraler Stelle aus.

Für die Dachkonstruktion habe ich eine hängende Kegelschale aus geschweißtem Blech vorgeschlagen, an deren Spitze der Königszapfen des Krans befestigt ist.

Alle Beteiligten waren von der Idee begeistert. Einen parallel laufenden städtebaulichen Wettbewerb gewannen die Architekten Voigt und Wehrhan mit einem Entwurf, der diese Form aufgegriffen hatte. So wurde eine konstruktive Idee zur Grundlage des gesamten städtebaulichen Konzeptes im Spreebogen.

Trauerhalle Obertiefenbach/Limburg
Architekt: Walter Neuhäuser

Wie muß ich die Fläche ausbilden, damit sie trägt, nicht ausknickt und die Biegebeanspruchungen aufnehmen kann?
Ich muß die Ränder aufkrempeln.

Kirche St. Josef, Neu-Weckhoven
Architekt: Fritz Schaller

Fritz Schaller wollte eine lange und hohe Kirche entwerfen. Ein solches Kirchenschiff läßt sich nicht so ohne weiteres mit einer Fläche überdachen. Das läßt sich an einem Modell einfachster Art demonstrieren, indem man ein Blatt Papier um die Längsachse biegt und feststellt, daß die so erhaltene Form nicht stabil ist. Zerknittert man das Blatt jedoch vorher, so bleibt die Form erhalten. Hier stellt sich also die Frage: Wie soll die Fläche gebildet werden, welche Sekundärform soll sie bekommen, damit sie in der Lage ist, die Biegebeanspruchung aufzunehmen?
Die Konstruktion der Kirche ist nach einer geometrischen Regelmäßigkeit gefaltet. Das Faltwerk, mit Ausnahme der Apsiden, wirkt als ein Dreigelenkbogen.

Kugel der Deutschen
Industrieausstellung
in Sao Paulo 1972
Architekten: Lippsmeier und Partner

Buckminster Fuller hat sich ein Leben lang mit der Kugelfläche befaßt, wobei er eine Aufteilung in regelmäßige oder annähernd regelmäßige Flächen anstrebte. Für ihn handelte es sich dabei um ein geometrisches Problem. Die Geometrie ist jedoch lediglich *ein* Gesichtspunkt beim Bauen. Zwei wichtige Gesichtspunkte, das Tragverhalten und das Herstellungsverfahren — in diesem Falle die Transportabmessungen —, ließ er außer acht.
Die Kugel auf der Deutschen Industrie-Ausstellung in Sao Paulo 1972 ist aus Glasfaserpolyester. Zur Verbindung der transportgerechten Elemente (transportgerecht hieß hier: schmal und lang, wie die Stra-

ße) sind an den Rändern Aufkantungen vorgesehen. Diese bilden gleichzeitig das Haupttragsystem, die Rippenkugel. Die Rippen verlaufen in der Nähe der Meridiane, also in Richtung der Hauptbelastung. Eine Trennung zwischen Tragkonstruktion und Raumabgrenzung ist nicht vorhanden. Die Anzahl der Elemente ist minimiert und damit zugleich auch die Zahl der Anschlüsse.

Keramion in Frechen bei Köln
Architekt: Peter Neufert

Wie bereits gesagt, die Aufgabe ist nicht, die Spannweite zu überbrücken, sondern die raumabgrenzende Fläche zu bilden. Die erste Frage ist also: Wie muß die raumabgrenzende Fläche von der Nutzung her ausschauen? Kann sie so geformt sein, daß sie die Last durch Längskräfte in der Fläche, als Flächentragwerk, abträgt? Wenn dies bejaht wird, stellt sich die nächste Frage: Kann die Fläche als „Idealschale" gestaltet werden? Als „Idealschalen" bezeichne ich die hautartigen Schalen, bei denen die Kraft in jedem Punkt und in jeder Richtung konstant ist. Wenn ich sage, in jedem Punkt und in jeder Richtung soll die Spannung konstant oder annähernd konstant sein, kann ich diese Bedingung nur für die dominante Belastung erfüllen. Als dominante Belastung können wir in unseren Breitengraden Eigengewicht und Schnee bezeichnen.

Für das „Keramion" in Frechen stellte sich Peter Neufert eine auf fünf Stützen ruhende, einem Töpferprodukt ähnelnde Schale vor. Die hautartige Schale entsprach in jeder Beziehung seinen Wünschen. Er gab die Position der Stützen, die Lage des Randes, die Anschlußstelle des aufgestülpten Rotationshyperboloids vor und bestimmte die Höhen der Durchgänge zwischen den Stützen. Die eigentliche Form wurde dann nach dem idealen Tragverhalten mit dem Computer errechnet. Hier wurde also nicht das übliche Planungsverfahren angewendet, bei dem man die Form vorgibt und die Spannung ermittelt, sondern die Form wurde mit Hilfe der vorgegebenen Randbedingungen für einen idealen Spannungszustand bestimmt.

In dieser Formulierung bietet die Statik eine Entwurfsmethode, einen Vorweis.

Entwurf einer Halle der MAN
Architekten: Brendel und Maurer

Das Trapezblech der Dachdeckung der Kreisring-Halle wird radial verlegt. Bei der Spannweite von 23 m sind zwei Ringpfetten erforderlich. Sie lagern auf Luftstützen (Spreizen) die mit einem räumlichen Seilwerk zwischen dem zugbeanspruchten Innen- und dem druckbeanspruchten Außenring unterspannt sind. Es handelt sich hierbei um ein unterspanntes Trägersystem, wobei die Tragfunktion von Innen- und Außenring bzw. von der Trapezblechdeckung übernommen wird.

Hubdach der Ostseehalle Kiel
Architekten:
Walter Kuhn und Eric Boss

Wenn die Fläche nicht als tragend ausgebildet werden kann — sei es aus formalen oder aus Kostengründen —, so ist eine Primärtragkonstruktion zur Überbrückung der Spannweite erforderlich. Die Primärtragkonstruktion kann beispielsweise ein räumliches Stabwerk sein.

Der Grundgedanke der räumlichen Stabwerksysteme weist unter anderem zwei Fehler auf:

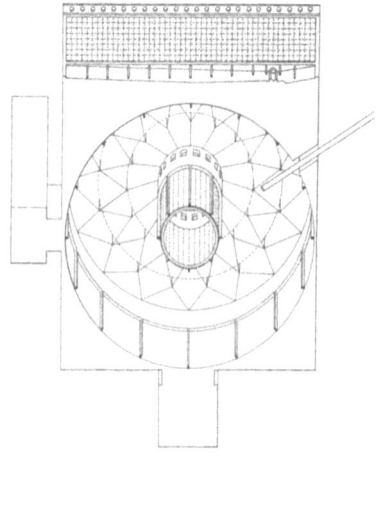

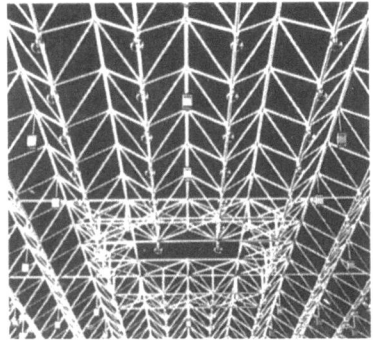 

1. Die Stäbe werden zunächst kurzgeschnitten und später mit aufwendigen Knoten wieder zu Gurtstäben zusammengefügt.
2. Die industriell gefertigten Teile werden handwerklich montiert.

Das Hubdach der Ostseehalle Kiel ist auf vier Stützen gelagert. An den beiden Enden sollen Vorhänge die Kurvenbereiche der Radrennbahn abtrennen. Für die Vorhänge ist ein Vorhangträger vorgesehen, womit die Spannweite in dieser Richtung bereits überbrückt ist. Daher kann anstelle einer Stabwerkplatte ein Stabfaltwerk ausgebildet werden. Die Gurtstäbe des Stabfaltwerkes können durchgeführt werden. Der Anschluß der Diagonalstäbe erfolgt mittels Muffenknoten.

Das Aluminium-Geobau-System von Walter Kuhn erhielt damit eine Abwandlung, die gegen die bekannte Stahlkonkurrenz bestehen konnte.

Halle der Maschinenbaufakultät der TH Darmstadt
Architekten: Fesel und Ludwig

Die Halle der Maschinenbaufakultät der TH-Darmstadt sollte ein Stabfaltwerk-Dach erhalten. Eine industrielle Montage war unser Anliegen. Die Ober- bzw. Untergurte der geschweißten, ebenen Fachwerkträger sind abwechselnd mit Schellen verbunden. Dadurch ist es möglich, die Fachwerke im Werk komplett zusammenzuschweißen und als Paket zu transportieren, das Paket auf die Längsträger zu setzen und das Stabfaltwerk wie eine „Harmonika" auseinander zu ziehen.

Leichtathletikhalle Dortmund
Architekt: Hochbauamt der Stadt Dortmund; Planungsgruppe: Klippel, Scheiding, Saitner

Die Halle liegt auf einem flachen Nordhang. Sie sollte so gestaltet sein, daß sie die Aussicht von der oberhalb der Rosenpflanzungen liegenden Terrasse des Restaurants nicht stört. Eine starke Gliederung der Dachfläche war gewünscht.
Bei großen Spannweiten, wie in diesem Falle, sind die Obergurte der Binder während der Montage knickgefährdet, sie müssen also seitlich verspannt werden; daher ist es zweckmäßig, Dreigurt-Binder zu verwenden. Diese können die Lüftungskanäle und den Wartungsgang für die am Träger befestigten Leuchten aufnehmen. Durch Ansteigenlassen der Binder nach Süden gibt es das geforderte Nordshed in Kaskadenform.

Galleria der Messe Frankfurt
Architekt: Oswald Mathias Ungers

Das Prinzip „Was muß ich hinzufügen, damit es trägt?" verfolgte ich auch bei der Galleria der Messe Frankfurt. Der ursprüngliche Entwurf von Ungers sah Bögen vor, die sich auf die Nachbarbauten abstützen. Nun durften aber die angrenzenden Gebäude nicht belastet werden, und man hatte Angst, neue Fundamente in die Nähe der alten zu setzen, weil der Baugrund in Frankfurt sehr schlecht ist.
So entstanden die vier Stahl-Portale mit den zusammengezogenen Stützen, auf denen die 120 m lange Stabwerktonnenschale ruht. Die größte Spannweite zwischen den Portalen beträgt 45 m. Mein erster Vorschlag war eine Stahlkonstruktion mit einem Raster von 1,25 m. Dabei sollten die Stahlprofile gleichzeitig als Sprossen für die

Verglasung dienen. Alle Bieter legten jedoch von sich aus zusätzlich Aluminiumrahmen für die Verglasung auf die Stahlkonstruktion. Dadurch war der enge Raster nicht länger sinnvoll, und wir vergrößerten den Abstand auf 3,75 m.

Als wir eines Tages bei Ungers diskutierten, blätterte er in einem Buch, zeigte auf eine kassettierte Kuppel und fragte mich, ob wir nicht so etwas machen könnten. Es handelte sich dabei um die Kuppel der Kirche San Lorenzo von Michelangelo. Die kassettierte Struktur läßt sich jedoch nur mit wesentlich kräftigeren Profilen erreichen, die Konstruktion kann also nicht mehr aus Stahl, sondern muß aus Holz sein. So entwickelte sich die Konstruktion letztlich zu nichts anderem als dem, was der Architekt sich vorgestellt hatte. Und damit sie auch trägt, fügte ich die dünnen, schwarzen Diagonalen hinzu.

Glasdach der Dresdner Bank in Düsseldorf
Architekten: Kraemer, Sieverts und Partner; Projektleitung: Gerstenberg

In die Frage „was ist vorhanden?" soll auch die technische Gebäudeausrüstung einbezogen werden. Das verglaste Sägedach ist parallel zum Südtrakt angeordnet. Die Rinnenträger der Sheds überbrücken die Spannweiten zwischen den Hauptträgern. Als Hauptträger dienen die Klimakanäle, die diagonal in der Richtung der kleinsten Spannweite verlegt sind. Die Querschnitte der Klimakanäle sind quadratisch, ihre Wanddicken sind entsprechend der statischen Beanspruchung gewählt. In den beiden Eckbereichen sind diese Klimakanäle von sich aus in der Lage, die Spannweite zu überbrücken. Im Innenbereich stellte sich die Frage: Was muß konstruktiv hinzugefügt werden, damit sie tragen? Daraufhin sind die innenliegenden Kanäle unterspannt worden; die kürzeren sind mit einer Spreize, die längeren mit zwei Spreizen abgestützt. Die Spreizen bestehen aus Gußeisen; sie sind gelenkig an den Kastenträger angeschlossen. Ihre Breite entspricht oben der Breite des Kastenträgers (Klimakanals), damit die Stützkraft direkt in die Seitenwände eingeleitet wird; das Knicken der Spreize wird durch ihre breite Basis verhindert; der untere Teil ist mit dem notwendigen Radius zur Seilumlenkung versehen. Die Seilverankerung am Ende ist unterhalb des Kastenträgers angeordnet, damit der Querschnitt des Klimakanals nicht gestört wird. Die „Klimakanalträger" sind mit entsprechenden Ausblas-Öffnungen versehen und an einen Ringkanal angeschlossen.

Die gesamte Konstruktion ruht auf Elastomer-Lagern unter den Hauptträgerenden.

An dieser Stelle möchte ich eine Bemerkung zum Brandschutz mahen: Bei der Kassenhalle der Dresdner Bank sprachen wir nicht, wie sonst üblich, von der Brandwiderstandsdauer. Ein brandtechnisches Gutachten hatte die zu erwartende Schadensfeuertemperatur mit 500 °C beziffert. Wir wiesen lediglich nach, daß die Tragkonstruktion bei dieser Temperatur gerade noch trägt.

Westfalenhalle VI
Entwurf: Funke, Klippel, Polónyi

Aus den Abmessungen der Messestände ergab sich einen Stützenraster von 22 x 22 m. Die Architekten wünschten bei diesem quadratischen Raster eine in beiden Richtungen gleichgeartete Tragstruktur.

Dieser Bedingung entspricht ein Pyramidendach. Die flachgeneigte Pyramide wurde mit Polonceau-Bindern in den Graten ausgebildet, deren Zuggurte parallel zu den Rasterachsen angeordnet sind. Die Stadt Dortmund hat hier eine merkwürdige Art der Vergabe praktiziert: Nach der Entwurfsphase vergab sie die Leistungen schlüsselfertig in der Weise, daß Genehmigungs- und Ausführungsplanung zugleich in den Händen der ausführenden Firma lagen. Zwar wurde der Auftrag für die Leistungen an uns weitergegeben, aber in dieser Position hatten wir keinen Kontakt mehr zu den anderen Planungsbeteiligten. So geschah es, daß die Heizungs- und Lüftungskanäle in vollkommen widersinniger Weise ohne jede Rücksicht auf die Tragkonstruktion montiert wurden. So etwas passiert uns nicht noch einmal!

Entwurf der Messe Madrid
Architekten: Corales, Ungers, Vasques

Für die Messehallen in Madrid war ein Raster von 30 x 30 m gefordert. Diese Spannweite wird von Spannbeton-Kastenträgern überbrückt, die gleichzeitig als Hauptlüftungskanäle dienen. Auf dem Trägersystem lagern flache Pyramidendächer mit Gratträgern und Pfetten aus Stahlprofilen sowie einer Trapezblech-Eindeckung.
In der Halle mit 60 m Spannweite bestehen die Kastenträger aus Stahl und sind mit Seilen unterspannt. In der stützenfreien 90 x 120 m großen Halle bilden die Stahl-Hohlkastenträger einen Trägerrost, der in beiden Richtungen so unterspannt ist, das sich etwa gleichgroße Beanspruchungen ergeben. Die Stichkanäle der Lüftung sind an die Hohlkastenträger-Hauptkanäle angeschlossen.

Entwurf für das Eingangsgebäude und für die Halle 1 der Messe Frankfurt
Architekt: Helmut Jahn

Das Eingangsgebäude erhält ein verglastes Pyramidendach mit einer Seitenlänge von 28 m. Das Stabfaltwerk wird aus Rohren gebildet. Um die Biegebeanspruchung der Stäbe in den Pyramidenflächen zu verringern, werden diese mit je einer Spreize im Dreieckschwerpunkt zu den Ecken hin unterspannt.

Das Dach der Messehalle 1 (140 x 80 m stützenfrei) ist ein Stabfaltwerk, dessen aussteifender Firstträger von zwei an den Giebeln angeordneten Pylonen abgespannt ist. Der Firstträger ist wegen des Anschlusses des Stabfaltwerkes und des Firstoberlichtes ein Fünfgurtfachwerkträger. Die Gurtstäbe des Stabfaltwerkes sind wegen der Oberlichter und der Rinnen gedoppelt. Diese Doppelung ruft größere Querbiegemomente hervor.

Hier sind die beiden Entwurfsprinzipien:
- Wie muß ich die Fläche gestalten? und
- Was muß ich hinzufügen?

gleichzeitig angewendet. So entstanden das Faltwerk und die Abspannung. Beim Stabfaltwerk sind Tragwerk und Deckung nicht identisch, daher stellt die gefaltete Deckung einen höheren Aufwand dar als die ebene. Bei dieser Überlegung handelt es sich aber nicht mehr um die Ausbildung der raumabgrenzenden Fläche, sondern um die Überbrückung der Spannweite, also um das Tragwerk, das nicht zwangsläufig ein Stabfaltwerk sein muß.

Aus städtebaulichen Gründen wurde uns aufgelegt, die Pylone niedrig zu halten, wodurch die Abspannung infolge der flachen Seilwinkel nicht effektiv genug sein kann.

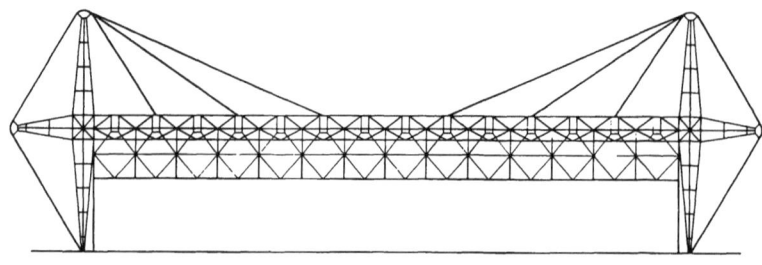

**Die Bedeutung des Tragwerkes
in der Architektur unserer Zeit**

In den fünfziger und sechziger Jahren vertraten wir das Postulat der konstruktiven Ehrlichkeit, der Ablesbarkeit des Tragverhaltens. Wir verlangten, daß die Tragkonstruktion statisch und herstellungstechnisch sinnvoll sein solle. Dieser Bedingung sind aber nur wenige Bauten von Nervi gerecht geworden. Die Ablesbarkeit ist zum Beispiel bei den Münchner Olympia-Bauten nur für Fachleute gegeben. Diese Kriterien wird man also nicht aufrecht erhalten können, zumal sie auch aus der Baugeschichte nicht herleitbar sind. Die Renaissance verwendet tragende Elemente als Dekoration. Die meisten Barock-Kuppeln sind vom Dachstuhl abgehängter Stuck.
Der Wunsch, die Baukörper zu gliedern, wird zunehmend stärker. Wenn die Funktion eine Gliederung der Baukörper nicht hergibt, so wird man ihn durch Dekoration gliedern. Diese Dekoration kann „legitim" die Tragkonstruktion sein: Also die Tragkonstruktion muß herhalten. Dabei entstehen groteske Konstruktionen, die nur mit Werbung, aber kaum mit Architektur begründbar sind. Es werden Konstruktionselemente selbst aus dem Maschinenbau und aus dem Schiffsbau übernommen und völlig deplaziert mit übergroßen Gesten verwendet. Die Wartungskosten dieser Konstruktionen sind der Bauherrschaft schwerlich zuzumuten.
Ich habe meine Schwierigkeiten mit Foster und Rogers. Aber vielleicht bin ich noch lernfähig.

Vortrag an der ETH Zürich am 18. November 1986

1 Aus den Codices
des Leonardo da Vinci.
Madrid, Biblioteća Nacional

Obere Reihe von links nach rechts:
Ermittlung des Schwerpunktes von
Rechteck und Dreieck;
Gleichgewichtszustand der finiten Elemente
eines Bogens; experimentelle Ermittlung
des Bogenschubs.

Untere Reihe von links nach rechts:
Verformung des Zweigelenkrahmens;
Verformung eines auf Biegung
beanspruchten Stabes (Feder);
Verformung einer exzentrisch
belasteten Stütze

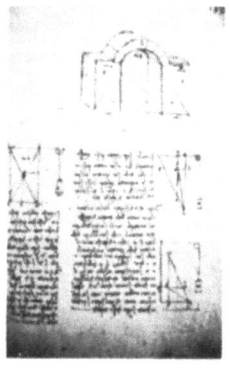

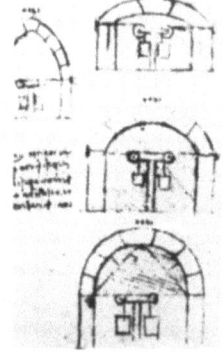
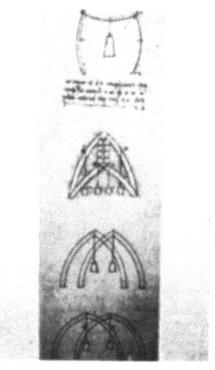

Einfluß der Wissenschaft
auf das Bauwesen

Mir ist im Laufe meiner Ingenieur- und Hochschullehrertätigkeit aufgefallen, daß wichtige Gesichtspunkte bei der Lösung prinzipieller Probleme prinzipiell außer acht gelassen werden. Da ich hierin ein System zu erkennen wähnte, habe ich in der Geschichte der Philosophie, der Naturwissenschaften und der Baustatik nach den Ursachen geforscht. Ich meine, einiges gefunden zu haben, das unsere Denkart wesentlich beeinflußt hat. Kennen wir nämlich die Einflüsse auf unsere Denkart, so sind wir eher in der Lage, Einengungen aufzubrechen. Diese Gedanken habe ich zum Teil bereits veröffentlicht und auch in Stuttgart schon einmal vorgetragen.

1 Definitionen

1.1 Naturwissenschaft, Technik
Wenn wir über den Einfluß der Wissenschaft auf das Bauwesen sprechen, meinen wir die moderne *Natur*wissenschaft. *Zielsetzung* der Naturwissenschafen ist die Feststellung der Zusammenhänge zwischen Ursache und Wirkung. Die *Methode* ist die Separierung der Einflüsse, der Parameter. Dies erfolgt experimentell oder analytisch mittels abstrahierter Denkmodelle. *Technik* ist die Anwendung wissenschaftlicher Erkenntnisse beim Verändern der Natur z. B. beim Bauen.

1.2 Vorgehen: Induktion, Deduktion
Mit der oben genannten Methode müssen wir uns noch etwas intensiver befassen. Durch Beobachtung, Experiment, werden einzelne Zusammen-

hänge festgestellt und aus dem „Einzelnen, Besonderen, wird auf etwas Allgemeines, Gesetzmäßiges", geschlossen und so ein „Wissenschaftsgebäude" zusammengestellt. Diese Methode heißt *Induktion*. Der Gegensatz der Induktion ist die *Deduktion*, gemäß der von einem allgemeinen Satz das Spezielle hergeleitet wird. Die Deduktion kann nur dann als Methode Gültigkeit haben, wenn durch Beobachtungen, Experimente der deduktive Ansatz, das Axiom, bestätigt wird, das heißt zwischen Ansatz und Beobachtungen kein Widerspruch entdeckt wird. Die Deduktion darf nicht verwechselt werden mit der Methode, Hypothesen aufzustellen und diese durch Beobachtungen, Experimente zu bestätigen. Während die Hypothese lediglich „die lückenhafte empirische Erkenntnis an einer bestimmten Stelle ergänzen oder verschiedene empirische Erkenntnisse zu einem Ganzen verbinden oder die vorläufige Erklärung einer Tatsache oder Tatsachengruppe darstellen soll", wird bei der Deduktion, bei den deduktiven Wissenschaften, ein allgemeiner Lehrsatz ohne dessen Ansatzcharakter, hypothetischen Charakter, bekannt zu geben, als Tatsache hingestellt, woraus die speziellen Tatsachen hergeleitet werden können. Wir wollen in der nächsten Stunde überprüfen, wie die moderne Wissenschaft entstanden ist, wie weit sie der Vorstellung, die wir von den Naturwissenschaften haben, entsprach und entspricht. Anschließend soll untersucht werden, wie die Wissenschaften das Baugeschehen beeinflußt haben.

2 Die Denkart in der europäischen Philosophie

2.1 Antike

Ich denke, ich kann mit Ihrer Zustimmung rechnen, wenn ich in der Betrachtung der europäischen Wissenschaftsgeschichte nur bis − 540 zurückgehe, bis zu dem Zeitpunkt nämlich, als Pythagoras aus dem Gebiet der uralten Kulturen Ägyptens und Babylons zu seiner Geburtsstätte Samos zurückkehrte. Aus Ägypten brachte er „seinen" Satz mit, der den Ägyptern bereits um − 2700 zur Einmessung der rechten Winkel beim Errichten ihrer Bauten gedient hatte und eine Religion mit Seelenwanderung und Askese. Von Askese wollten die Samoser nicht viel wissen und verjagten ihn, was sie nicht hinderte, später ihre Hauptstadt nach ihm zu benennen. Er ging nach Krotone, wo er den Pythagoreischen Bund gründete, einen aristokratisch-religiösen Orden mit starkem politischen Einfluß, weshalb er und die seinen – 510 vertrieben bzw. umgebracht wurden. Die Pythagoreer haben die babylonische Zahlenmystik „weiterentwickelt". Sie haben die Welt wegen der in ihr herrschenden Ordnung und Harmonie „Kosmos" genannt. Daß die Welt harmonisch ist, haben sie mit Sicherheit nicht durch Beobachtung festgestellt. In einer Welt, wo die Lebewesen sich durch gegenseitiges Vertilgen am Leben erhalten, ist eine Harmonie schwer erkennbar. Aber er entdeckte arithmetische Gesetze in der Musik, die er sogleich verallgemeinerte: „Die bewegten Himmelskörper tönen ... in bestimmten Intervallen (Sphärenharmonie); diese Harmonie wird von uns nur deshalb nicht wahrgenommen, weil sie fortgesetzt auf uns einwirkt."

Das Entstehen der Mathematik schildert Harro Heuser sehr einprägsam: „In seinem orientalischen Reisegepäck fand Pythagoras nur empirisch erprobte Rezepte, mit denen man, wenn es gut ging (und es ging durchaus nicht immer gut), Flächen von Feldern, Rauminhalte von Lagerhäusern, Arbeitsstunden bei Kanalbauten, Verteilung von Erbschaften und Steuern berechnen konnte."

Zeittafel			
Pythagoras	-580	bis	496?
Socrates	-470	bis	-399
Platon	-429	bis	-348
Aristoteles	-384	bis	-322
Euklid	-365	bis	-300
Archimedes	-287?	bis	-212
Bau d. Haghia Sophia	532	bis	537
Bacon, Roger	1214	bis	1294
Brunelleschi, Filippo	1377	bis	1446
da Vinci, Leonardo	1452	bis	1519
Bacon, Francis	1561	bis	1626
Galilei, Galileo	1564	bis	1642
Descartes, René	1596	bis	1650
Hobbes, Thomas	1588	bis	1679
Wren, Christopher	1632	bis	1723
Hooke, Robert	1635	bis	1703
Bernoulli, Jakob	1667	bis	1748
Hume, David	1711	bis	1776
Coulomb, Charles	1736	bis	1806
Gutachten der ‚tre matematici'			1743
Monge, Gaspard	1746	bis	1818
Navier, Louis	1785	bis	1836
Cauchy, Augustin	1789	bis	1857
Monier, Josef	1823	bis	1906

„Dieser Arme-Leute-Mathematik gebrach es an logischen Beweisen und an der Einsicht, daß mathematische Objekte wie Zahlen und Figuren geistige Gebilde sind, scharf zu unterscheiden von der Sinneswelt. Die Orietalen kannten das Rad und das Feld, aber weder den Kreis noch das Rechteck." Durch ihn (Pythagoras) wurde die Mathematik von einem Hilfsmittel der Architekten und Steuereintreiber zu einer eigenständigen Wissenschaft."

Ich muß noch immer Harro Heuser zitieren: „Der Konflikt zwischen den Fakten der Inkommensurabilität (die eben aus dem Pythagoreischen Satz erkennbar wurde) und dem Wunschtraum ‚Alles ist Zahl' hatte die Pythagoreer... dazu gebracht, das *Hypothetisch-Deduktive* Verfahren zu entwickeln." „Beweisen heißt, einen Grund angeben. Aber dieser Grund muß doch auch einen Grund haben, und dieser wieder einen. Es ist klar, daß dieses Rückschreiten von Grund zu Grund in einen Abgrund führt. Irgendwann muß man haltmachen bei einer Tatsache, die so evident ist, daß ein gesunder Kopf sie nicht bestreiten wird. Und von solchen Tatsachen ausgehend kann man dann versuchen, die gewünschten Resultate am Leitseil logischer Schlüsse zu erreichen".

Das Pythagoreische Denkverfahren, die Deduktion, erfuhr durch Platon, Aristoteles u. a. eine „Veredelung".

„Grundsätze", Axiome, sind grundlegende theoretische Erkenntnisse, die weder beweisbar noch beweisbedürftig sind. Es ist naheliegend, Ansätze zu Grundsätzen zu erklären, damit man der Beweispflicht enthoben ist. Sie sehen, daß dieses Vorgehen nichts mit dem gemeinsam hat, was wir eingangs als die Methode der modernen Wissenschaft beschrieben haben. Die antike Wissenschaft ist ein mystischer Rationalismus. Mystisch, weil sie von dem Ansatz ausgeht, daß alles aus Ordnungsprinzipien und Harmoniegesetzen abgeleitet werden kann.

Aber die Ratio ist auch nur scheinbar vorhanden:
- die pythagoreischen Gegensatzpaare sind nur in wenigen Fällen Gegensätze, meistens sind sie nur extreme Fälle des Allgemeinen;
- „Platon erkennt als grundlegende Komponente" der materiellen Welt vier sogenannte „Grundbestandteile an...", die aus feinsten unsichtbaren Teilchen bestehen, „die die Gestalt regelmäßiger Polyeder haben":

        Feuer – Tetraeder
        Luft – Oktoeder
        Wasser – Ikosaeder
        Erde – Hexaeder
        Äther – Dodekaeder

Diese Beispiele könnte man beliebig fortsetzen. Hier handelt es sich nicht um logisch geordnete Erkenntnisse, sondern um Spekulationen, wobei nicht einmal der geringste Versuch einer Beweisführung unternommen

wird. Diese Spekulationen unterscheiden sich prinzipiell in keinem Punkt von den mythischen Spekulationen seiner Zeitgenossen.
Sie haben sicherlich gemerkt, daß ich Sokrates übersprungen habe. Dies ist darauf zurückzuführen, daß Sokrates anscheinend nichts aufgeschrieben hat. Wir kennen ihn lediglich aus den Aufzeichnungen von Platon, der mir nicht sehr glaubwürdig erscheint. Gemäß der Aufzeichnungen hat sich Sokrates vorwiegend mit ethischen Fragen befaßt. Stellungnahmen zu naturwissenschaftlichen Problemen sind nicht bekannt. Wir können davon ausgehen, daß Sokrates, falls er mit Platons Theorien konfrontiert worden wäre, diesem sehr skeptische Fragen gestellt haben würde.
Aristoteles beschreibt das wissenschaftliche Vorgehen, die Logik. Ihre wichtigsten Elemente sind: Begriff, Kategorie, Urteil, Schluß, Beweis. Unter Beweis versteht er nicht den Beweis durch Wahrnehmung, sondern „die zwingende Herleitung eines Satzes aus anderen Sätzen vermittels laufender Schlüsse" (siehe bei Pythagoras oben).
Was Aristoteles unter dem Titel Physik vorträgt ist nach Störig einesteils mehr Metaphysik als Physik, andernteils aber *theoretische* Physik.
Es ist verständlich, daß die Mathematik auch in diese Weltanschauung eingebettet ist. Struik sagt: „Das Studium der Mathematik in der griechischen Frühzeit verfolgt ein hauptsächliches Ziel, nämlich die Gewinnung einer aus einem Vernunftsgebäude ableitbaren Einsicht in die Stellung des Menschen innerhalb des Kosmos."
Brutaler gesagt: Die Mathematik, und dies gilt auch für die Mechanik, diente zu philosophischen Spekulationen.
Erst bei Archimedes fehlt der „kosmologische Hintergrund". So können wir bei ihm das reine naturwissenschaftliche Denken erkennen. Obwohl er sich auch mit praktischen Sachen beschäftigte, ließ er nach Plutarch nicht zu, „daß von ihm über derartige Fragen irgendein schriftliches Werk auf die Nachwelt kam, denn da er die Beschäftigung mit Mechanik und jede Art von Beschäftigung, die auf Nutzen und Profit aus war, als Erniedrigung und unedel ansah, legte er seinen ganzen Ehrgeiz in solche Forschungen, deren Schönheit und Tiefe von jeder Beimengung gewöhnlicher Lebensbedürfnisse völlig frei waren".
Es wird erzählt, daß Archimedes von einem Soldaten der Besatzungsmacht erschlagen wurde, weil er diesem vorgeworfen hatte, seine Kreise gestört zu haben. Archimedes half, Befestigungsanlagen und Kriegsgeräte zu bauen.

In seiner „Geschichte der antiken Wissenschaft" schreibt Rožanskij: „Das Beispiel des Archimedes ist sehr aufschlußreich und erlaubt einige allgemeine Schlußfolgerungen. Als genialer Mathematiker und zugleich als bedeutender Ingenieur war Archimedes mehr als irgendein anderer Gelehrter seiner Zeit imstande, den tieferen Zusammenhang zwischen theoretischen – oder, wir wir heute sagen würden, fundamentalen – Untersuchungen und ihrer technischen Anwendung zu erhellen. Dabei sind bei ihm die Forderungen der Praxis bestenfalls zufällige Beweggründe für die Formulierung der einen oder anderen wissenschaftlichen Aufgabe. Die Lösungen dieser Aufgabe sind keineswegs durch ihre mögliche Verwendbarkeit im praktischen Leben, sondern vor allem durch die reine Wißbegierde des Gelehrten angeregt. Es war dies ein allgemeines Spezifikum der antiken Wissenschaft, das sie im gesamten Verlauf ihrer jahrhundertelangen Geschichte auszeichnete. Aufgrund dieses Mankos verlief die Entwicklung der antiken Wissenschaft, in der Sprache der modernen Automatik ausgedrückt, ohne Rückkoppelung, die den Ansporn zu stets neuen und neuen Aufgaben gegeben hätte. Hieraus erklärt sich zum Teil die Stagnation der antiken Wissenschaft, die auf ihren stürmischen Aufschwung im 3. und 2. Jahrhundert v. u. Z. folgte."

2.2 Christentum

Die Methode der Deduktion paßte der christlichen Kirche auch nicht schlecht ins Konzept. Die christlichen Philosophen hatten damit keine Schwierigkeiten. Sie setzten als Axiom Gott, woraus alles weitere hergeleitet werden kann.

Roger Bacon formulierte bereits im 13. Jahrhundert die Schritte der Naturwissenschaften: Erfahrung, Experiment, Mathematik. Experiment ist die Separierung der Parameter. Achten Sie bitte auf die Reihenfolge: Erfahrung, Experiment, Mathematik. Das ist eine induktive Denkart. Er wurde „gefangen gesetzt und für den ganzen Rest seines Lebens im Kerker gehalten, wo er wahrscheinlich 1294 verstorben ist".

Leonardo da Vinci war vorsichtiger. Er lehrte nicht. Seine Notizbücher bewahrte er sorgfältig auf. Das von ihm praktizierte Denken propagierte ein Jahrhundert später Galilei. In seinem Konflikt mit der Kirche war das Problem nicht, daß die Erde sich um die Sonne dreht. Dies hatte bereits hundert Jahre vorher Kopernikus festgestellt. Seit Einstein wissen wir, daß jeder Bezugspunkt statthaft ist, da sich alles bewegt. Wenn man die relativen Bewegungen unseres Sonnensystems betrachtet, so ist die Sonne als Bezugspunkt sinnvoll, weil damit die Bahnen verhältnismäßig einfach beschrieben werden können. Galilei wurde angeklagt, weil er anstelle der pythagoreisch-christlichen Denkart das induktive Denken, das bereits in Ansätzen bei Archimedes erkennbar ist und – wie gesagt – von Leonardo betrieben wurde, gefordert hat. Diese Denkart schien der Kirche gefährlich, wie die Geschichte zeigt, mit Recht. Daß eine Nebensächlichkeit, die heliozentrische Anschauung, hochgespielt wurde, ist eine altbewährte und auch heute oft praktizierte Methode.

Francis Bacon, Zeitgenosse von Galilei, begründete den englischen Empirismus. Für ihn ist die einzige verläßliche Quelle der Erkenntnis „die Erfahrung (Beobachtung und Experiment), die einzig richtige Methode die *Induktion,* die zur Erkenntnis der Gesetze fortschreitet".

2.3 Neorationalismus

„Gleich vielen anderen großen Denkern des siebzehnten Jahrhunderts suchte Descartes (René Descartes, lateinisch: Renatus Cartesius) nach einem allgemeinen Denkverfahren, das es ermöglichen sollte, Entdeckungen zu erleichtern und die Wahrheit in den Wissenschaften zu erkennen. Da die einzige bekannte Naturwissenschaft mit einem einigermaßen zusammenhängenden systematischen Aufbau die Mechanik war und da die Mathematik den Schlüssel zum Verständnis der Mechanik bildete, wurde die Mathematik zum wichtigsten Hilfsmittel für das Verständnis des Universums. Darüber hinaus war die Mathematik selbst mit ihren überzeugenden Aussagen ein glänzendes Beispiel dafür, daß die Wahrheit in der Wissenschaft gefunden werden konnte. Die mechanische Philosophie dieser Periode kam somit, allerdings aus einem anderen Grunde, zu einer Ansicht, die jener der Platoniker ähnlich war. Sowohl die Platoniker, die an die Harmonie des Universums, als auch die Cartesianer, die an eine allgemeine, auf Vernunft gegründete Methode glaubten, erblickten in der Mathematik die Königin der Wissenschaften."

In seinen „Vorlesungen zur Entwicklungsgeschichte der Mechanik" an der ETH Zürich 1971 sagte Fierz, nachdem er dargelegt hatte, daß die Stoßgesetze, die Grundlage der Descartesschen Physik, nicht ausreichend und zudem falsch sind: „Das wissenschaftliche Mißlingen und der Publikumserfolg Descartes' sind lehrreich. Descartes hat zwar die Schriften Galileis gekannt, sie aber nicht verstanden und abgelehnt. Ihm schien Galileis Mathematik altmodisch und primitiv. Die idealisierten Vorgänge, die er behandelt, hatten seiner Meinung auch nicht mit der Wirklichkeit zu tun. Es schien ihm, Galilei greife allzu willkürlich einen Einzelvorgang heraus, ohne das große Ganze zu beachten. Seiner Ansicht nach ist es z. B. sinnlos, den freien Fall im Vacuum, eine beschleunigte Bewegung, zu betrachten, denn erstens gibt es kein Vacuum und zweitens ist im Vacuum keine Beschleunigung möglich, denn diese kommt nur zustande, wenn die Geschwindigkeit des Körpers durch Stöße anderer Körper, z B. des Äthers, verändert wird. Die Physiker aber haben schließlich Galilei Recht gegeben und sind auf dem von ihm gewiesenen Weg, dem des Archimedes, fortgeschritten. Das hat freilich zur Folge, daß die mathematische Physik schwer zu verstehen ist, denn ihre Aussagen sind höchst abstraktmathematisch und sollen sich dennoch auf Naturvorgänge beziehen. Darum muß man fähig sein, in der Natur das Mathematische zu sehen und die mathematischen Formeln als Beschreibung der Naturvorgänge zu lesen. Molières Trissotin, Armande und Philaminte wären hierzu in keiner Weise fähig gewesen. Aber ein Weltbild entwerfen, durch Ätherwirbel und Stöße einen Vorgang anschaulich erklären – man darf nur nicht zu genau fragen, was und wie erklärt wird – das traute sich mancher zu. Und so ist denn die gelehrte Welt im 17. Jh. cartesisch geworden."

Descartes gilt als der Begründer des Rationalismus, besser gesagt des Neorationalismus.

Im Philosophischen Wörterbuch von Schmidt und Schischkoff steht: „Im Zeitalter des Rationalismus entstand der neue Begriff der Wissenschaft, der gleichbedeutend wurde mit dem der Mathematik und der Naturwissenschaften. ‚Wissenschaftlich' heißt seither: in mathematisch-naturwissenschaftlicher Sprache dargestellt ... Der Rationalismus räumt der Ratio eine unbeschränkte Herrschaft ein, gegen die an keine höhere Instanz appelliert werden kann. Für Metaphik ist im System des Rationalismus kein Raum." Sie sehen schon, daß der Rationalismus, den Grundgedanken von Pythagoras, Platon und Aristoteles aufgreifend, unser Wissenschaftsverständnis geprägt hat. Daher ist es angebracht, den Rationalismus genauer anzuschauen.

Was ist der Grundsatz des Rationalismus? Er geht davon aus, daß der Gott /Schöpfer das Weltall schön, harmonisch, mathematisch erschaffen hat und wir durch scharfes Nachdenken seinen Grundgedanken und damit

die Naturgesetze erkennen können. Aber das ist schließlich ein metaphysischer Grundsatz. So kam es, daß die Aufklärung nicht stattfand. Der Schöpfer ist naturgemäß vollkommen und damit seine Schöpfung auch. Zwar ist letzteres, insbesondere in Anbetracht des Menschen, nicht direkt erkennbar, aber den „scheinbaren" Widerspruch verstand Leibniz auf Senecas Spuren mit der Monadentheorie zu beseitigen, nach der immer das geschieht, was für den einzelnen Monaden und schließlich den Gesamtmonaden das „Bestmögliche" ist.
Es geht darum, den Schöpfergedanken des Schöpfers zu erkennen, woraus alles weitere hergeleitet werden kann. Damit war auch die Methode der modernen Wissenschaft vorgegeben, nämlich die Deduktion, die wir bereits von Pythagoras kennen. Die Rationalisten haben den Schöpfer, die Erkennbarkeit des Grundgedankens des Schöpfers, aber auch die Herleitbarkeit des Speziellen aus dem Grundgedanken des Schöpfers zu Axiomen erklärt. Man merkt, daß diese Grundsätze, aber auch die daraus hervorgehende Methode religiösen Charakter haben. Der Rationalismus nahm Gott die menschlichen Züge und verlieh den Menschen göttliche Eigenschaften. Im Prinzip ist er eine durch die griechische Philosophie geprägte, entmythologisierte, jüdisch-christlich-mohammedanische Religion.
Hobbes, Zeitgenosse von Descartes, „lehnt die spekulative Metaphysik ab und definierte die Philosophie als die Erkenntnis der Wirkungen oder der Phänomene aus den Ursachen und andererseits der Ursachen aus den beobachteten Wirkungen mittels richtiger Schlüsse; ihr Zweck liegt darin, daß wir die Wirkungen voraussehen und für unser Leben nutzbar machen lernen." Es ist eine recht brauchbare, bis heute gültige Formulierung. Hume sagt: „Ursächliche Erkenntnis aus Vernunft bzw. a priori gibt es nicht, sondern nur aus wiederholter Erfahrung derselben Art, die zu einer selbständigen Denkgewohnheit wurde, die schließlich als Kausalgesetz dasteht, wobei eine Art Kausalinstinkt hilft."
All das half aber wenig. Zwar fand die Induktion der Empiriker auch Anerkennung, indem Kant „den Gegensatz von Empirismus und Rationalismus in der höheren Einheit seines Kritizismus" aufhob, jedoch blieb die Deduktion die bevorzugte Methode der Wissenschaften, zumal sie das Vorgehen der Mathematik ist. Ich kann mich des Eindrucks nicht erwehren, daß Kant durch das „Aufheben der Gegensätze von Empirismus und Rationalismus" die Auseinandersetzung zwischen Empirismus und Ra-

tionalismus verhindert hat. Er zog dem Empirismus den Zahn und brachte ihn schön sanft in seiner metaphysischen Philosophie unter. Schließlich war er ordentlicher Professor der Logik und Metaphysik. Nachdem er die Logik mit der Metaphysik in Einklang gebracht hatte, dürfte dies mit dem Rationalismus und Empirismus für ihn ein Kinderspiel gewesen sein.

Ich denke, wir haben jetzt einen Eindruck von der Atmosphäre, in der die Wissenschaft auf dem Kontinent stattfindet, und wir verstehen auch, warum die meisten physikalischen Einheiten nach englischen Physikern wie Newton, Watt, Kelvin, Joule benannt sind.

Neben der protagonistischen Philosophie des *Rationalismus* blieben die christlichen Religionen vorherrschend. Die christliche Religion kam über die Griechen, und daher nahm sie etliche Elemente der antiken Philosophie – freilich selektiv – auf. Die Methode der christlichen Theologie erinnert auch sehr an die Denkart der Griechen, speziell an die von Platon und Aristoteles, nur daß ihr Axiom – wie bereits gesagt – ein durch die Bibel etwas genauer vorgegebener, personifizierter Gott ist. Wir stehen so sehr unter dem Einfluß dieser Philosophie, dieser Denkart, daß wir uns bis heute davon nicht ganz freimachen konnten. Das Problem sehe ich darin, daß wir zwischen Wissenschaft und Glaube keine scharfe Trennung vornehmen. Wir wollen einerseits Glaubenssätze wissenschaftlich begründen, andererseits betrachten wir manche Glaubenssätze als wissenschaftliche Ansätze. Ich denke, das tut weder der Wissenschaft, noch dem Glauben gut. Wir merken gar nicht, wann wir mit einem nicht belegbaren, vorsichtiger: nicht belegten Ansatz operieren. In diesem Hause beispielsweise wird auch gern von dem Axiom der *Ökonomie der Natur* ausgegangen. Die Wirtschaftlichkeit kann lediglich auf das Ziel bezogen definiert werden. So lange ich das eigentliche Ziel nicht kenne, kann ich auch behaupten, daß die Natur verschwenderisch ist. Wäre die Welt sinnlos, so wäre bereits der geringste Aufwand vergeblich.

Die „Konstruktionen" der Natur können auch nur bezogen auf die der Natur zur Verfügung stehende „Technologie" und ihre „Herstellungsverfahren" als optimal bezeichnet werden, wobei noch der Beweis zu erbringen wäre, ob diese Technologie optimal ist. Eine konstruktive Lösung ist immer technologiegebunden. Da unsere Technologie von der Natur wesentlich abweicht, werden wir aus der Beobachtung der Konstruktionen der Natur zwar eine große Fülle von Inspirationen, jedoch keine Vorbilder erhalten.

Damit sind wir in der Gegenwart, und wir sehen, daß unsere Denkart sich auch in den Naturwissenschaften, im Bauwesen nicht nach den strengen Eingangsdefinitionen richtet. Nach diesem – zugegebenermaßen tendenziösen und prätentiösen – Überblick des Wissenschaftsverständnisses, wollen wir einen Blick auf das Bauwesen werfen.

3 Bauwesen – Wissenschaft

Die Baumeister vergangener Zeiten hatten ihre Entwurfsregeln. Es handelte sich dabei im wesentlichen im Proportionalitätsregeln, die für ein ausgewogenes Erscheinungsbild, aber auch für die Standsicherheit sorgten. Diese Regeln waren nicht im einzelnen aufgeschlüsselt, sondern komplex. Sie basierten auf ganzheitlichen Erfahrungswerten, also auf „Experimenten" ohne Separierung der Parameter. Man kann nicht sagen, welche Betrachtung, die komplexe oder die separierte, höherwertig einzustufen ist. Wir können lediglich feststellen, daß die separierte, die „wissenschaftliche" Betrachtung es vielleicht eher erlaubt, vom Erfahrenen abzuweichen.

3.1 Mathematik – Bauwesen
Die Architektur ist im Laufe der Geschichte mit der Mathematik in Berührung gekommen. Zum Beispiel in der Person des Isidore von Milet, der die Hagia Sophia 532–537 gemeinsam mit Anthemios von Tralles erbaut hat. Da der erste Mathematiker war, schreibt man ihm ohne weitere Beweise die Statik zu. Anthemios von Tralles dagegen war Bildhauer, daher meint man, daß er der Architekt gewesen sein muß. Damit ist es den Baugeschichtlern gelungen, die Aufgabengebiete auf den Nenner der heutigen Arbeitsteilung zu bringen. Als Ergebnis dieser, wie auch immer gearteten Kooperation entstand in jedem Falle ein Bauwerk, dessen Kühnheit und Schönheit erst tausend Jahre später von dem ehemaligen janitscharischen Pionieroffizier Sinan übertroffen wurde.
Der Erbauer der St. Paul's Cathedral (1675–1709) und 60 weiterer Kirchen in London, Sir Christopher Wren, war auch Mathematiker, ehe er sich dem Wiederaufbau der Stadt nach dem großen Brand von 1666 zuwandte. Sowohl bei Isidore von Milet als auch bei Wren stellen wir fest, daß sie kühne Bauten errichtet haben, aber wir erkennen nicht, auf welche Weise ihre mathematischen Kenntnisse in die Architektur eingeflossen sind.

Zehn Monate nach der Geburt von Christoforo Colombo und etwa 100 Seemeilen entfernt von dessen Geburtsort Genua, wurde ein unerwünschtes Kind geboren. Es genoß lediglich eine Malerausbildung bei Verocchio. Ein Studium war ihm nicht gegönnt. Das war sicherlich sein Glück, da seine Denkart durch die auch an den Universitäten vorherrschende Deduktion, die eher auf religiösen Ansätzen beruhte, wenig beeinträchtigt wurde.
Ohne Zweifel verfügte er über eine hervorragende Raumvorstellung. So konnte er räumliche Zusammenhänge schnell erkennen und, da er auch gut zeichnete, diese festhalten. Diese Fähigkeiten waren Voraussetzung für das Ersinnen einer Vielzahl technischer Gegenstände und Geräte, die er häufig bis in alle Einzelheiten entworfen hat, deren Realisierung jedoch teilweise unserem Jahrhundert vorbehalten blieb. Im folgenden werden lediglich seine Studien auf dem Gebiet der Baumechanik-Statik erörtert. Der Maschinenbauingenieur sowie der Wasserbauer und der Hydromechaniker können in diesem Rahmen nicht gewürdigt werden.
Aus seinen Aufzeichnungen, die 1965 in der Biblioteca Nacional Madrid wiedergefunden wurden und deshalb „Codices Madrid" genannt werden, geht hervor, daß ihm der Begriff „Schwerpunkt" geläufig war und daß er mindestens den Schwerpunkt von Rechteck und Dreieck ermitteln konnte.
Das Gleichgewichtsproblem hat er sicher beherrscht, auch dann, wenn er die Axiome nicht expressis verbis formulierte. Die Momentengleichung ist in Abb. 2 zeichnerisch dargestellt und auch in den Proportionen quantifiziert.
Seine Studien über Gewölbe sind Betrachtungen des Gleichgewichtszustandes der finiten Elemente, aus denen der Bogen zusammengesetzt ist. Die Skizze, die die experimentelle Ermittlung des Bogenschubes verdeutlicht, ist auch der gültige Ansatz für die Berechnung dieser Kraft.
Die Verformung des Zweigelenkrahmens ist in Abb. 4 ziemlich gut erkannt. Die Verformung eines Abschnittes eines auf Biegung beanspruchten Stabes (Feder) hat er jedoch in bis heute gültiger Form mehr als 200 Jahre vor Bernoulli erfaßt. Hätte Galilei die Aufzeichnungen Leonardos gekannt, so hätte er 100 Jahre später nicht den berühmten Fehler bei der Spannungsverteilung im Kragträger gemacht. Die Verformung der exzentrisch belasteten Stütze hat er qualitativ richtig gesehen.
Außer seinen wichtigen Feststellungen auf dem Gebiet der Statik und Fe-

stigkeitslehre soll erwähnt werden, daß er zwischen potentieller und kinetischer Energie zu unterscheiden wußte, wobei er für die potentielle Energie den Begriff „potencia", für die kinetische Energie „vis viva" (lebendige Kraft) benutzte. Beim freien Fall hat er die Wirkung des Luftwiderstandes erkannt, die bei Galilei außer acht blieb. Leonardo hat seine Erkenntnisse nicht zu einem Lehrgebäude zusammengefaßt, obwohl seine Aufzeichnungen viele Teilinduktionen beinhalten. Er hat zahlreiche Gesetzmäßigkeiten erkannt und Gesetze formuliert. Er konnte mit diesen arbeiten, sie auf viele Fälle anwenden, ohne zu der Formulierung umfassender Induktionen zu gelangen. Die Aufzeichnungen waren nicht publikationsreif, sie sind damals nicht veröffentlicht worden. Schüler, die seine Erkenntnisse erweitert und verbreitet hätten, hat Leonardo auch nicht gehabt. So mußten sie noch einmal neu gewonnen werden.

3.2 Mechanik

Galilei behandelt in seinen „Discorsi" Probleme der Festigkeitslehre, die er Mechanik nennt, und des freien Falles. Uns interessieren in diesem Zusammenhang seine Überlegungen über die Tragfähigkeit des eingespannten Balkens. Er spricht von Tragfähigkeit, also von Bruchlast. Zwar ist sein Modell der Spannungsverteilung nicht korrekt, aber bei der Quantifizierung trifft er genau die Traglast gemäß der Plastizitätstheorie.
Robert Hooke erläutert 1678 in einer Schrift die Wirkung der Feder mit der Feststellung „ut tensio sic vis". Er schreibt weiter: „Dasselbe Ergebnis findet man, wenn man mit einem Stück trockenen Holzes, das sich hin- und zurückbiegen läßt, Versuche anstellt, wenn ein Ende in horizontaler Ausrichtung befestigt und das andere Ende mit Gewichten belastet wird, damit es sich senkt. Demzufolge ist es ganz offensichtlich die Regel oder das Gesetz der Natur, daß die Kraft in einem jeden federnden Körper, seine ursprüngliche Form wiederherzustellen, immer proportional ist dem Weg oder dem Raumteil, um den er davon abgewichen war."
Hooke hat hier ein Stoffgesetz formuliert, daß in die Hände von Mathematikern geraten ist. Sie nutzten dieses Gesetz als Exerzierfeld zur Demonstration der Anwendbarkeit ihres mathematischen Instrumentariums. Ihr Vorgehen war ebenso wenig anwendungsorientiert wie das der Philosophen-Mathematiker der Antike.
Jakob Bernoulli, Leibniz und im wesentlichen Euler haben die Elastizitätstheorie aufgebaut, die schließlich von Coulomb und Navier in eine

für die Bauingenieure brauchbare Form, die Balkentheorie, zusammengefaßt wurde. Mit seiner Veröffentlichung „Recherches sur l'équilibre et le mouvement intérieur des corps solides ou fluides, élastiques ou non élastiques" hat Cauchy 1822 das Fundament der Kontinuumsmechanik mit dem klar formulierten Begriff des „Spannungstensors" gelegt.
Es dauerte etwa noch ein Jahrhundert, bis diese Erkenntnisse im Bauwesen allgemein Anwendung fanden.

3.3 Baumechanik

Die erste „Berührung" zwischen Mathematik und Bauwesen wird auf das Jahr 1743 datiert, als die „tre mattematici", die Minoritenmönche Le Seur und Jaquier sowie der Jesuit Boskovich, ihr Gutachten über die Ursachen der Risse in der Kuppel des Petersdoms vorlegten. Die Sanierung erfolgte nach den Plänen des Professors für Mathematik an der Universität Padua und Wasserbauingenieurs der Republik Venedig, Giovanni Poleni.
Es ist bemerkenswert, daß es sich bei Gutachten um einen Nachweis handelte, und genau das ist es, was auch heute die Statik, die statistische Berechnung, noch immer darstellt: einen Nachweis. Dies ist schlüssig: der Einzug der modernen Wissenschaft in das Bauwesen kann vorerst lediglich Methoden der Kontrolle bereithalten, weil die Wissenschaft ausschließlich konstatiert und nicht entscheidet. Sie kann zwar Entscheidungs*hilfen* bieten, die Entscheidungen selbst sind ethischer Natur. Der gesamte Entwurfsprozeß wird durch eine Abfolge von Entscheidungen charakterisiert: Entwerfen heißt Entscheiden.
Die Ingenieure der letzten 150 Jahre konnten sich auf die statistischen Nachweise auf der Basis der Elastizitätstheorie stützen, die das Entwerfen und Errichten von Bauwerken bis dahin nie gekannter Kühnheit ermöglichten. Diese Leistung und die Bedeutung der Elastizitätstheorie braucht nicht gepriesen zu werden. Trotz unseres Respektes sollen wir die Auswirkungen der modernen Wissenschaft kritisch analysieren; vielleicht lassen sich einige Korrekturen vornehmen, um die zukünftigen Leistungen auf eine bessere Basis zu stellen.
Wir wollen noch einmal zurückblicken auf die zitierte Arbeit von Hooke. Hooke hat Versuche mit trockenem Holz durchgeführt, „das sich hin- und zurückbiegen läßt", sich also im elastischen Bereich befindet. Die Formulierung von Hooke war nicht allgemein gültig, sie war beschränkt auf „federnde Körper". Den Mathematikern gefiel die lineare Proportionalität

zwischen Spannung und Verformung so sehr, daß sie eine genaue Abgrenzung der praktischen Gültigkeit dieses Stoffgesetzes ebensowenig interessierte wie die Suche nach sonstigen Stoffgesetzen.
Während nun Galilei von Tragfähigkeit sprach, kümmerte man sich darum natürlich auch nicht. Bei der Bemessung der Tragwerke wurden die zulässigen Spannungen für die diversen Baustoffe festgelegt, die gemäß einer Berechnung nach der Elastizitätstheorie nicht überschritten werden durften, unabhängig davon, was dieser Zustand bezüglich des Tragverhaltens bedeutete.
Allein die Stabilitätsberechnungen, wie beispielsweise Euler sie anstellte, enthalten echte Aussagen über die Tragfähigkeit, da das Versagen hier im elastischen Bereich auftritt.
Ein solches Vorgehen ist auf die vorherrschende Philosophie zurückzuführen. Wie wir bei Descartes und Leibniz gesehen haben, glaubte man, daß die Schöpfung einem großen Grundgedanken des Schöpfers entspringt, woraus alles weitere abgeleitet werden kann. Man meinte, in der Elastizitätstheorie mindestens partiell den Grundgedanken des Schöpfers erkannt zu haben, weshalb weitere Betrachtungen überflüssig erschienen. Über die Erkenntnis, daß das Hookesche Stoffgesetz allein nicht ausreicht und daß die verschiedenen Stoffgesetze durch zahlreiche Versuchsserien noch zu bestimmen und zu formulieren sind, verfügen wir eigentlich erst heute.[1]

4 Analyse der Folgen

Ich glaube, nach dieser Betrachtung sind wir in der Lage, die Folgen zu analysieren.

4.1 Späte Anwendung
Wie wir gesehen haben, war die antike Wissenschaft ein elitärer Zeitvertreib einer aristokratischen Kaste. Sie war nicht für die praktische Anwendung gedacht. Zwar stand bei der Geburt der modernen Wissenschaft, bei Leonardo und auch bei Galilei die praktische Anwendung im Vordergrund, aber gerade durch das Auftauchen der antiken philosophischen Schriften – meistens aus dem Arabischen – wurde die moderne Wissenschaft, spätestens bei Descartes, wieder zu dem, was auch die antike Wissenschaft gewesen war: ein elitäres Gedankenspiel. Erst in der ersten Hälf-

te des vergangenen Jahrhunderts wurde die Spielerei der Mathematiker von Navier für Ingenieure aufbereitet und „auf die praktischen Aufgaben des Bauwesens" angewendet. Der Aufbau dieser Baustatik war entsprechend dem Wissenschaftsverständnis deduktiv und daher den Baumeistern, den Ingenieuren, die an die induktive Denkart gewöhnt waren, schwer zugänglich. Die Statik lieferte auch nur Nachweise; der Baumeister brauchte für seinen Entwurf aber eher „Vorweise", daher konnte er mit den Nachweisen wenig anfangen.

So ist es zu erklären, daß wissenschaftliche Erkenntnisse jeweils mit verhältnismäßig großer Verzögerung in das Bauwesen eingeflossen sind.

4.2 Stagnation
Wir haben gesehen, daß die Mathematiker das Gebäude der Elastizitätstheorie auf dem Fundament des Hookeschen Stoffgesetzes errichtet haben. Infolge der vorherrschenden Philosophie hat man geglaubt und allen suggeriert, daß damit praktisch alles erfaßt sei, und dadurch, wie bereits gesagt, die experimentelle Forschung, die Erforschung der Stoffgesetze, für zwei Jahrhunderte de facto lahmgelegt. Hätte der Gärtner Monier den Stahlbeton nicht erfunden, für dessen Berechnung das Hookesche Gesetz nur mit Einschränkungen gilt, hätte man noch lange nicht wahrgenommen, daß man mit einem idealisierten Stoffgesetz allein die Festigkeitsprobleme des Bauwesens nicht zufriedenstellend erfassen kann. Albert Einstein formulierte: „As far as the laws of mathematics refer to reality they are not certain; and as far as they are certain, they do not refer to reality."
Somit hat die vorherrschende Denkart, die deduktive Wissenschaft, zu einer partiellen Stagnation, zur Blockade der experimentellen Forschung geführt, die eigentlich erst in unserer Zeit wieder durchbrochen werden konnte.

4.3 Die separierte Betrachtung
Die moderne Wissenschaft arbeitet – wie bereits gesagt – mit der Methode der Separierung der Parameter. Hierbei müssen zunächst die Probleme separiert werden. Diese Methode ist für den Nachweis geeignet, nicht aber für den Entwurf. Der Entwurf stellt ein komplexes Problem dar und kann nicht aus der Addition separierter Problemlösungen entstehen, sondern verlangt nach einer komplexen Lösung.

Ich möchte dies an einem ganz einfachen Beispiel zeigen: Der Stahlbeton-Balken mit ausgeklinkten Auflagern erhält üblicherweise eine endverankerte Längsbewehrung und *zusätzlich* die Bewehrung des kurzen Kragarmes, sowie die Aufhängebewehrung, wobei sie nur im Bereich der einspringenden Ecke voll ausgenutzt wird, während der größte Anteil als Haftlänge zur Krafteinleitung dient. Die Gesamtbetrachtung dagegen ergibt eine Bewehrung, die an den Enden hochgezogen ist.

Unsere diesbezüglichen Versuche zeigen, daß der Bruch bei üblicher Belastung nicht am Auflager eintritt und die ersten Risse auch erst sehr spät entstehen. Die Gesamtbetrachtung ermöglicht somit die Bewehrung ohne zusätzlichen Stahlaufwand.

4.4 Ebene Betrachtung

Für die mathematische Erfassung von räumlichen Zusammenhängen erwies sich das Cartesische Koordinaten-System als sehr nützlich, das nicht von Descartes erdacht, sondern von ihm nur aufgegriffen worden war. Knapp zwei Jahrhunderte später hat Monge in der Darstellenden Geometrie die Zweitafelprojektion mit ihren Regeln beschrieben, die wegen ihrer leichten Handhabung, wegen der Ermittlung wahrer Längen und Winkel, zur bevorzugten Darstellungsmethode in der Technik wurde.

Sicher haben das Cartesische Koordinatensystem und die Monge-Projek-

2 Herkömmliche Bewehrung des ausgeklinkten Stahlbetonbalkens

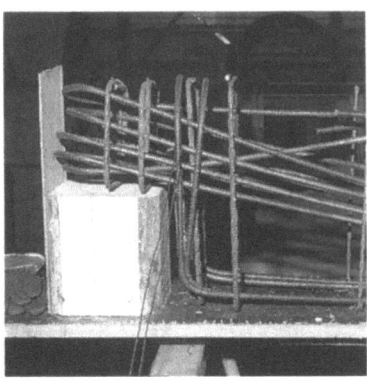

3 Hochgezogene Schlaufenbewehrung des ausgeklinkten Stahlbetonbalkens

tion solche Vorteile, daß wir uns unsere Tätigkeit, ja die gesamte moderne Technik ohne sie gar nicht mehr vorstellen können. Aber beide haben auch einen unangenehmen Nebeneffekt: Die Annehmlichkeiten der orthogonalen Erfassung verleiten uns zum orthogonalen Denken. Das heißt, wir denken nicht räumlich und benutzen die Darstellung lediglich zur Mitteilung des Ergebnisses, sondern wir denken in orthogonalen Projektionen.

Das Ergebnis dieser Denkart kann ich wiederum an einem ganz einfachen Beispiel demonstrieren. Das zentrisch belastete Fundament stellt ein rotationssymmetrisches Problem dar. Wir betrachten es aber orthogonal. Das räumliche Tragverhaltenn nehmen wir einfach nicht zur Kenntnis. So geschieht es, daß wir doppelt so viel Bewehrung hineinlegen, wie die Traglast erfordert.

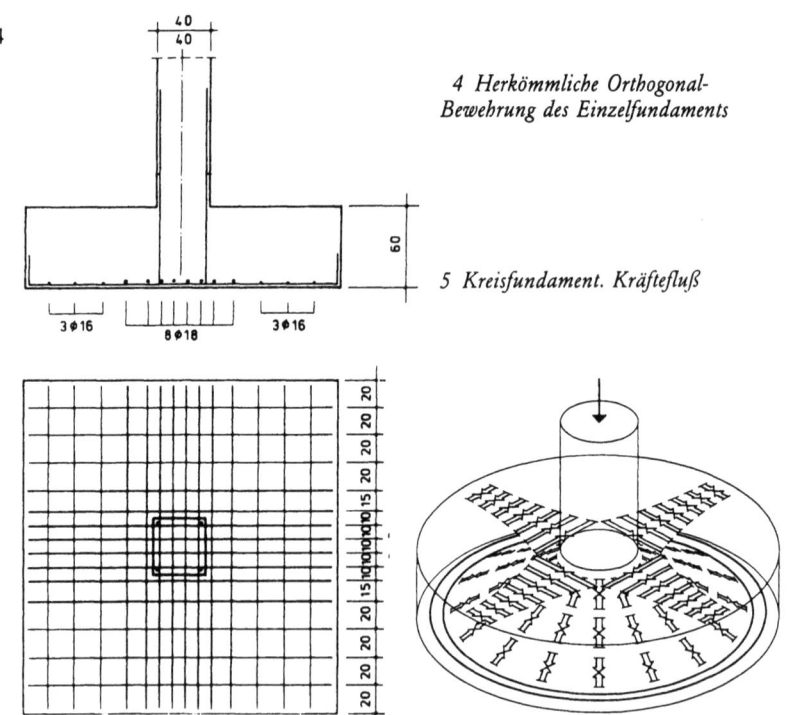

4 Herkömmliche Orthogonal-Bewehrung des Einzelfundaments

5 Kreisfundament. Kräftefluß

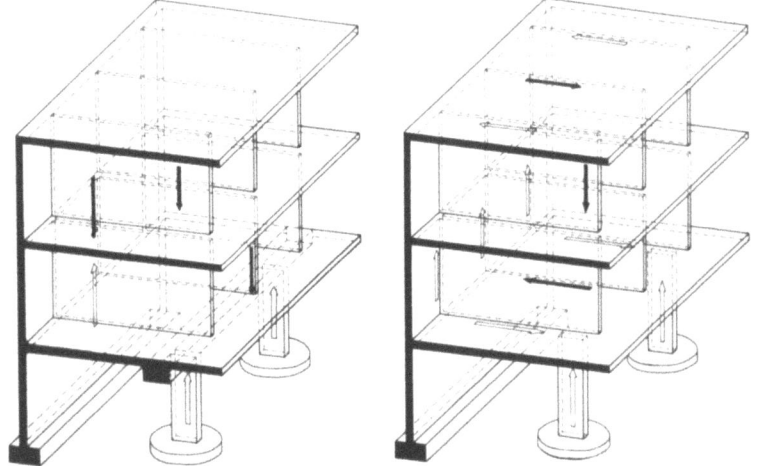

6 *Allgemein übliche Lösung mit überflüssigem Unterzug*

7 *Lastabtrag durch Scheibenwirkung*

Ich überlege mir oft, ob es didaktisch nicht besser wäre, in der Lehre alle technischen Gegenstände – sogar den einfachsten Balken – räumlich darzustellen – also in Axonometrie oder Zentralprojektion – und nach der Lösung des Problems das Ergebnis für die Ausführung in die Orthogonalprojektion zu übertragen. Anscheinend ergibt sich auf diesem Gebiet automatisch eine Verbesserung: Die Computer-Programme liefern uns auf Knopfdruck ein räumliches Bild von Gegenständen, die mit orthogonalen Koordinaten eingegeben wurden.

An dieser Stelle möchte ich noch ein Beispiel für die Folgen unserer Orthogonalen-Ebenen-Betrachtung vortragen: stellen wir uns ein Hotel mit zentraler Halle, also einen Laubengangtyp, oder auch die Hälfte eines Mittelgangtyps aus Stahlbeton vor. Wegen der Nutzung ist im Erdgeschoß (z. B. Restaurant) und im Untergeschoß (Parken) die Stütze unter jeder zweiten Scheibe nicht erwünscht. Infolge der Orthogonalen-Ebenen-Betrachtung werden die meisten Ingenieure jede zweite Scheibe mit einem Unterzug abfangen. Das ist freilich falsch: Das Versatzmoment aus der nur an einem Ende gelagerten Wandscheibe wird durch die Decken aufgenommen und in die Nachbarwände geleitet. Da die Wand- und Deckenscheibe viel steifer sind als der Unterzug, würde dieser erst nach Versagen der Scheibenwirkung Last erhalten. Daher darf man keinen Unterzug anordnen, sondern für die Scheibenwirkung muß die entsprechende Bewehrung hineingelegt werden. Die richtige Lösung ist auch die wirtschaftlichste. Der Unterzug entfällt, weshalb die Geschoßhöhe niedriger werden kann. Die eventuelle zusätzliche Bewehrung für die Scheibenwirkung ist nur ein Bruchteil der Unterzugbewehrung.

4.5 Einfluß der Lehre der Statik

Es ist verständlich, daß die Statik als ein geschlossenes Wissenschaftsgebäude entsprechend dem vorherrschenden Wissenschaftsverständnis deduktiv gelehrt wird. Dadurch gewinnt aber die Statik über ihre eigentliche Aufgabe – das Tragverhalten zu quantifizieren – hinaus, indirekt eine entwurfsbestimmende Bedeutung. Dies zeigt sich auf zwei Ebenen:

1. Wir erwägen die Ausbildung der Tragkonstruktionen nach statischen Systemen in der Reihenfolge, in welcher wir sie selbst in der Statik gelernt haben.
2. Wie sind bemüht, die Konstruktionen gemäß der gelernten statischen Systeme auszubilden.

8 Unterspannte Träger *9 Eislaufhalle Warmbronn*

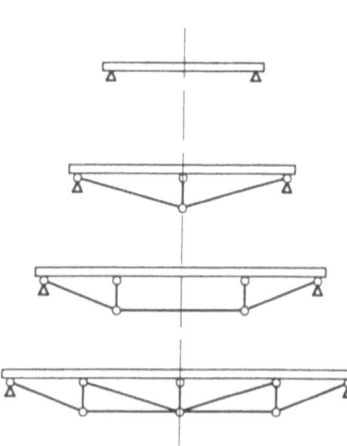

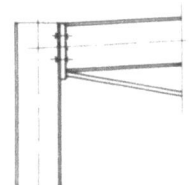 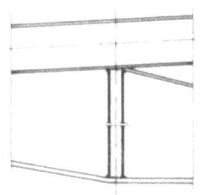 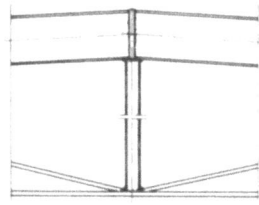

10 Herstellungsgerechte Ausbildung eines Stahl-Fachwerkbinders

Zu 1 ein Beispiel:
Wenn ein Walzträger statisch nicht mehr ausreicht, greifen wir gleich zum Fachwerkträger, obwohl der unterspannte Träger eigentlich die näherliegende Lösung wäre. Dies tun wir deshalb, weil wir den statisch bestimmten Fachwerkträger vor dem unterspannten Träger gelernt haben, der bekanntlich statisch unbestimmt ist.
Der Fachwerkträger hat eine Diagonalstabneigung zwischen 45° und 60°. Wir lernen und lehren, daß eine flachere Neigung als 45° nicht günstig ist, es wird jedoch nicht gesagt, daß die optimale Neigung vom Verhältnis des Moments zur Querkraft abhängt und daß eine flachere Neigung sehr wohl sinnvoll sein kann, wenn dieses Verhältnis groß ist.
Zu 2. Wir lernen die Statik, die statischen Systeme, baustoffunabhängig. Das hat die irrige Vorstellung zur Folge, daß jedes System in jedem Baustoff richtig ist. So bemüht sich beispielsweise der Holzbau darum, jedes statische System aus Holz zu bauen, wobei sich die unmöglichsten Knotenausbildungen mit reichlich Stahl ergeben, statt herauszustellen, welche Systeme im Holzbau besonders geeignet und sinnvoll sind.
Die Zielsetzung der Statik ist es, die Konstruktion zu berechnen. Systeme mit Gelenken dienen dazu, die Konstruktion der Berechnung zuzuführen, sie berechenbar oder leichter berechenbar zu machen. Diese Aspekte sind jedoch dem Bauwerk fremd.
Wir lernen, daß sich die Stabachsen beim Fachwerk in einem Punkt treffen müssen. Das ist eine statische Forderung, die in der Regel nur durch Einschaltung von Knotenblechen erfüllt werden kann. Außer dem zusätzlich erforderlichen Knotenblech ergibt sich dabei eine Verdoppelung der Schweißnähte. Die Aufnahme der durch einen nicht axialen Anschluß bedingten Versatzmomente ist in der Regel lediglich eine Frage des Nachweises und erfordert keinen zusätzlichen Materialaufwand.

Wir lehren die Statik mindestens am Anfang noch immer so, als ob wir die Berechnung mit dem Rechenschieber durchführten. Ich meine, wir sollten den Fachwerkträger mit Gelenken gar nicht mehr lehren, da er in Wirklichkeit überhaupt nicht existiert. Wir sollten gleich das allgemeine Stabwerk zeigen. Auf diese Weise würde der statische Aspekt bei der Planung nicht unnötig überbewertet werden.² Ich denke, daß sich hier infolge der Computer-Berechnungen allmählich eine Veränderung einstellen wird. Da wir, wenn wir vom Problem der jeweils zutreffenden Stoffgesetze absehen, keine Probleme mit der Berechnung haben, werden wir in den Konstruktionen immer weniger Gelenke und Fugen vorsehen und die auftretenden Zwängungen nur dann durch konstruktive Maßnahmen abbauen, wenn sich dadurch echte Einsparungen, also Material- und Lohneinsparungen, erzielen lassen.

5 Entwurf und Wissenschaft

Entwerfen bedeutet Entscheiden, unter verschiedenen Alternativen auswählen. Die Wissenschaft konstatiert lediglich, sie entscheidet nicht, sie kann höchstens eine Entscheidungshilfe bieten.

Die Wissenschaft ermöglicht es uns, den Nachweis zu führen, aber zum Entwerfen brauchen wir *Vorweise*. Wir verfügen nur über wenige solcher Vorweise. Ein Beispiel ist die Schlankheitsbegrenzung von biegebeanspruchten Stahlbeton-Bauteilen, die $l_i/35$. (Die andere Formel können Sie gleich vergessen.) Das bedeutet, daß gerade die Faustregel als Vorweis

11 Keramion in Frechen. Architekt Peter Neufert. Tragwerksplaner: Stefan Polónyi

brauchbar ist, die einer strengen wissenschaftlichen Betrachtung nicht standhält. Wissenschaftlich gesehen würde man nicht die Schlankheit, sondern die Durchbiegung und die Winkelverdrehung beschränken. Einen solchen Vorweis stellen auch die hautartigen Schalen dar, bei denen man den idealen Schnittkraftzustand formuliert und nach Annahme der Randbedingungen die Geometrie der Fläche errechnet.
Diese Vorweise müssen jedoch die jeweilige Aufgabe komplex angehen. So werden wir Entscheidungshilfen erarbeiten müssen, die einzelnen Einflußparameter analytisch erfassen und deren komplexe Auswirkung z. B. auf die Kosten darstellen.
Da die statische Berechnung dank den Computern ihre zentrale Bedeutung verliert, können und müssen wir uns mehr den fundierten Entwurfsentscheidungen zuwenden. Solche analytisch-synthetischen Untersuchungen waren wegen der großen Zahl der Parameter bisher kaum denkbar, aber da wir mit dem Computer nunmehr über ein geeignetes Hilfsmittel verfügen, ist es geradezu unsere ethische Verpflichtung, außer den statischen, auch die wirtschaftlichen Aspekte gewissenhaft zu erfassen.

6 Das Zitieren

Ein besonderes Charakteristikum der christlichen Wissenschaft ist die Methode des Zitierens. Während das Zitat bei den Griechen lediglich zur Dokumentation der Gelehrsamkeit diente, wurde es in der Zeit der Inquisition (vom 13. bis 19. Jahrhundert) lebensnotwendig. Man konnte es nicht wagen, eine Lehrmeinung zu äußern, ohne sich dabei auf einen Kirchenvater abzustützen. Dies wiederholte sich freilich im 20. Jahrhundert in den sozialistischen Staaten, als eine Absicherung bei Marx, Lenin und zeitweise Stalin, lokal begrenzt bei Mao, unentbehrlich war.
Das Zitieren wurde auch in die moderne Wissenschaft übernommen. Es dokumentiert die Wissenschaftlichkeit, schränkt das Wagnis ein und hilft über die eigene Einfallslosigkeit hinweg.
Vergeben Sie mir bitte dies eine Mal noch die vielen Zitate.

Vortrag von Stefan Polónyi am 3. Februar 1987 in der Vorlesungsreihe „Geschichte des Bauwesens" (Universität Stuttgart, Fachgebiet Planung und Konstruktion im Hochbau, Prof. E. Schunck).

Die diesem Vortrag folgende Diskussion zeigte, daß einige Äußerungen mißverstanden wurden und einer weiteren Erläuterung bedurften. In zwei Anmerkungen zusammengefaßt:

[1] Zwar hat z. B. Coulomb in der Bodenmechanik mit anderen Stoffgesetzen gearbeitet und haben Tetmajer und Engeßer das Knicken eines Stabes im plastischen Bereich behandelt, aber die Schnittkraftermittlung erfolgte bis vor kurzem beinahe ausschließlich nach der Elastizitätstheorie.

[2] Damit ist nicht gemeint, daß die Statik künftig geringere Bedeutung haben wird. Der Einfluß der Berechenbarkeit wird nicht mehr als entwurfsbestimmender Faktor im Vordergrund stehen.

Die elementare Statik wird für die statische Vorberechnung und zur Kontrolle der Computerberechnung verwendet, sie ist also keinesfalls entbehrlich. Aber sie soll nicht abstrakt, materialunabhängig und mit fiktiven Gelenken dargeboten werden. Die Stabkräfte eines Fachwerkes wird man auch ohne Annahme von Gelenken mit der üblichen Methode überschlägig ermitteln können.

Literatur

Fierz, M.: Vorlesungen zur Entwicklungsgeschichte der Mechanik. Springer-Verlag, Berlin—Heidelberg—New York, 1972
Festschrift des Fachbereiches Architektur der Gesamthochschule/Universität Kassel zur Verleihung der Ehrendoktorwürde an Prof. Dr.-Ing. E. h. Stefan Polónyi, Februar 1986
Festvortrag anläßlich der Verleihung der Ehrendoktorwürde durch den Fachbereich Architektur der Gesamthochschule Kassel, erschienen: Prisma, GHK, Nov. 1985
Heuser, H.: in einer Sendung des WDR III, 1985
Leonardo da Vinci: Codices Madrid I—V, S. Fischer Verlag, 1974
Niesten, J.: De Constructie-Adviseur als partner van de architect. Bijzondere dakkonstructies van prof. Stefan Polónyi (holländisch), de Architect, oktober 1986
Polónyi, S.: Einige Gedanken über den wissenschaftlichen Stand der Baustatik. Zum 30. Todestag vom Emil Mörsch. Die Bautechnik 1/81
Polónyi, S.: Überlegungen zum Holzbau. Bauwelt 35/81
Polónyi, S.: Der Tragwerksingenieur — Erfüllungshilfe oder Partner des Architekten? Kasseler Hochschulwoche 6/81
Polónyi, S.: Der Tragwerksingenieur und seine Wissenschaft. Bauwelt 5/82
Polónyi, S.: Der Tragwerksingenieur und seine Wissenschaft. Die Bautechnik 9/82
Polónyi, S.: Das räumliche Denken als Voraussetzung der modernen Technik. Berichte aus der Forschung der Universität Dortmund. UNI-Report Heft 1, 1985
Polónyi, S.: Wissenschaftsverständnis, Tragkonstruktion, Architektur, DAIDALOS, Dez. 1985
Polónyi, S.: Revision des Wissenschaftsverständnisses — von Pythagoras bis zum Dortmunder Modell Bauwesen
Polónyi, S., Bollinger K.: Ansätze in der Konzeption des Stahlbetons. Die Bautechnik 4, 1983
Polónyi, S.: Revision des Wissenschaftsverständnisses
Reti, L. (u. a.): Leonardo—Künstler, Forscher, Magier. S. Fischer Verlag, Frankfurt/M., 1974
Szabó, I.: Einige Marksteine in der Entwicklung der theoretischen Bauingenieurkunst. Beiträge zur Bautechnik, Festschrift für Robert v. Halász. Verlag von Wilhelm Ernst & Sohn, Berlin—München, 1980
Rožanskij, I. D.: Geschichte der antiken Wissenschaft. SP 292, R. Piper & Co. Verlag, München—Zürich, 1984
Schmidt, H. und *Schischkoff, G.*: Philosphisches Wörterbuch, Stuttgart, Kröner Verlag, 1974
Störig, H. J.: Kleine Weltgeschichte der Philosophie. W. Kohlhammer, Stuttgart, 1974
Struik, F. I.: Abriß der Geschichte der Mathematik. F. Vieweg & Sohn, Braunschweig, 1967

Zwei Rezensionen

Konstruktionsspiele

Ein Beitrag zu Huxley's „Brave New World"[1]: „Wendepunkt im Bauen"[2].

Die Bemühungen Konrad Wachsmanns, neue Baumethoden zu entwickeln, die der modernen Technik entsprechen, sollen nicht unterschätzt werden. Zum größten Teil handelt es sich um weitgespannte Konstruktionen. Vom Stand dieser Arbeiten ist die Öffentlichkeit immer ausreichend unterrichtet worden, bis endlich ein zusammenfassendes Buch „Wendepunkt im Bauen" erschien und auch denen, die ein Seminar in Salzburg, Karlsruhe, Oslo oder Tokio nicht miterlebt haben, klar wurde — was übrigens nach den Publikationen bereits zu ahnen war —, daß man es hier mit einer Art baulicher „Religion" zu tun hat: Wir begegnen nicht nur dogmatischen Feststellungen, sondern auch der Prophezeiung (die trotz aller Beteuerungen eine „vorgefaßte Meinung" bedeutet!), daß der vorgeschlagene und beschrittene Weg der einzig richtige sei.
Dieses Dogmatische mit all seinen Merkmalen braucht keinesfalls negativ gewertet zu werden, es soll lediglich auf die Gefahren hingewiesen werden, die bei solcher Darbietung der Lehre aus einigen übertriebenen Formulierungen und falschen Folgerungen entstehen können.
Die Feststellung, „das empirische Wissen wurde durch die exakte Wissenschaft abgelöst", scheint übertrieben. Da im Bauen die Mathematik angewandt wird, ist unter „exakt" selbstverständlich der mathematische Begriff zu verstehen. Die angewandte Mathematik ist aber approximativ. Mit ihr sind nur die idealisierten Modellfälle zu erfassen. Bei der Bemessung wird mit willkürlich festgelegten Werten gerechnet. Legt man weiterhin noch Wert auf diesen Satz, so kann er höchstens lauten: „Das empirische Wissen wurde durch die empirische Wissenschaft abgelöst." Diese

1 Fünf Lagen bewehrter Betonplattendecken ohne Unterzüge, die ebenerdig im „Youltz-Lift-Slab-System" in übereinanderliegenden Schichten hergestellt wurden, werden simultan hochgezogen, wobei jeweilig die Stützen um eine Etagenlänge anmontiert werden

2 Brücke über die Severn (1775–1779), 30 m Spannweite. Entwurf und Ausführung: Abraham Derby

Ablösung geschah anscheinend, als „... Bedingungen, die nichts mehr mit den Ursachen bisheriger Wechselerscheinungen zu tun haben, einen Wendepunkt des Bauens auslösten". Als dieser Wendepunkt soll, wie das auch Fred Hochstrasser, Ulm und Winterthur, in der Bauwelt 16/1960 bestätigt, das Jahr 1850 betrachtet werden, in dem Paxton den Kristallpalast erbaute. Ohne die Leistungen von Paxton zu schmälern, muß erwähnt werden, daß in England bereits Ende des 18. Jahrhunderts Brücken aus Gußeisen gebaut wurden. Weiterhin müssen auch die Konstruktionen von J. B. Papworth (1821) und Rouhault (1833) sowie die erste Kabelbrücke von Marc Seguin über die Rhône bei Tournon (1824) erwähnt werden. So wird klar, daß man ebensowenig von einem Wende*punkt* sprechen kann wie beim Bauen vom Knoten*punkt* als dem zentralen Problem. Es kann nur von einer Entwicklungsperiode die Rede sein.

Nach der Ankündigung „einer generellen Zusammenfassung der Gegenwartsprobleme des Bauens" als einführende Arbeit, „in deren Folge dann vielleicht jene komplexen Probleme im einzelnen in weiteren Publikationen von Berufenen behandelt werden könnten", sind die Beispiele interessant, aber einseitig. Die Entwicklung der Stahlbetonkonstruktionen fehlt fast völlig, obwohl dieses Material im Bauen der letzten hundert Jahre eine nicht ganz unwesentliche Rolle gespielt hat.

Wenig Trost geben die Bilder von dem großartigen Youtz-Lift-Slab-System, wenn auf den nächsten Seiten Zimmermannkonstruktionen aus Stahlbeton von Felix Samuely zu sehen sind. Zwar steht dabei eine Bemerkung, die auf die nicht ganz stoffgerechte Gestaltung hinweist, aber wozu dann dieses Beispiel?

Die Konstruktionen Wachsmanns sind bis zur Montage einer vollautomatischen Herstellung angepaßt, wobei noch Bedingungen erfüllt werden, die meist nur für militärische und schaustellerische Zwecke erforderlich sind, nämlich:
1. Kombinationsmöglichkeit,
2. Abbaumöglichkeit und Wiederverwendung in anderer Kombination,
3. Austauschbarkeit der Einzelelemente in gewissen Grenzen.

Dazu kommt, daß Wachsmann immer erst ein Skelett sucht und die statische Konstruktion von den raumbegrenzenden Flächen getrennt behandelt, im Gegensatz zu Buckminster Fuller, der bei seiner Leichtbaudomkonstruktion aus Aluminiumstandardelementen die Flächen in die Tragwirkung einbezieht. Daraus folgt, daß er auf kleine Grundelemente zu-

3 Leichtbaukuppel
von Buckminster Fuller

4 Wachsmanns „Mobilar Structure"

5 Zimmermannkonstruktion
aus Stahlbeton

6 Knotenpunkt des Mero-Systems

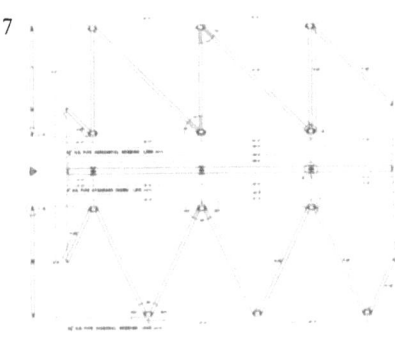
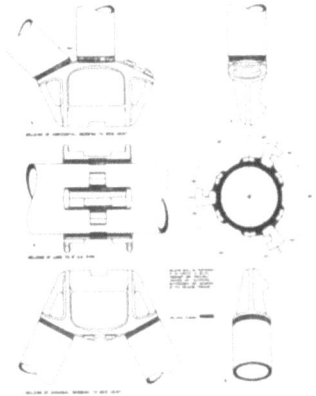

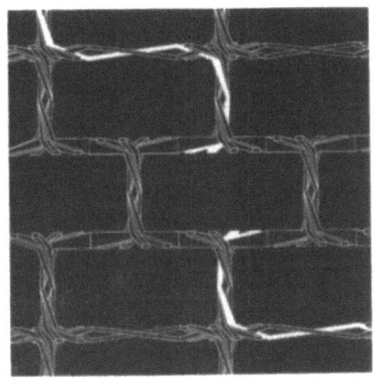

7 Für die amerikanische Luftwaffe von Wachsmann entwickelte Konstruktion. Schweißnähte schraffiert. An den Anschlußteilen der Knotenpunkte angeschweißte Rohre ergeben ein nicht mehr transportierbares Gebilde

8/9 Konrad Wachsmann: Grundelement und Aufriß einer „Dynamischen Struktur"

10 Krankenpavillon für Tuberkulöse, entwickelt von einem Team von sechs Studenten des „Institute of Design", Chikago, 1. Semester 1954/55

rückgehen muß, daß die Anschlüsse (Knotenpunkte) sich unzählig vermehren und daß bei der Montage moderne Hilfsmittel meist nicht angewendet werden können. So erscheinen die Wachsmannschen Konstruktionen eher als Rückschritt gegenüber den Paxtonschen: in London wurde 1850 mit Kränen montiert; bei Wachsmann laufen die Leute mit Rohren unter dem Arm und Knotenpunkten in der Tasche herum. Anscheinend fiel der Unterschied zwischen einer Montage auf der Baustelle und einer Montage am Band nicht auf. Es ist klar, daß Wachsmanns Grundbedingungen auch zu materialverschwenderischen Konstruktionen führen. Die Knotenpunkte beschränken die Auswahl der verwendbaren Rohre. Die Variationsmöglichkeit besteht meist lediglich in der Wandstärke und in der Anzahl. Schon bei Zugstäben ist die Anpassungsfähigkeit zu gering. Bei Druckstäben spielt auch die Knickung eine Rolle. Die Aneinanderreihung von unabhängigen Rohren verringert nicht die Knickzahl.

Rechenbeispiel: A Es soll 50 t Druckkraft aufgenommen werden bei einer Stablänge von 3,00 m. Material: St 55.29, nach DIN gerechnet[6].

Erforderlich:	1	Rohr
Außendurchmesser:	191	mm
Wandstärke:	5,25	mm
Gewicht:	24	kg/m
B Festlegung des Außendurchmessers auf	89	mm
Erforderlich: 4 Rohre		
Wandstärke je:	8	mm
Gewicht:	64	kg/m

Der Materialbedarf beträgt im Fall B das 2,67fache des normal gerechneten Falles A.

Durch die bei den Knotenpunkten in einem Querschnitt angeordneten Schweißnähte entsteht ebenfalls ein Materialverlust, oder es sind ein Spezialschweißverfahren und das Durchleuchten aller Nähte erforderlich. Bei Rohren ist das schwer durchzuführen, besonders bei der Konstruktion für die amerikanische Luftwaffe, wo auf der Baustelle geschweißt wird. Die bestehende „*dynamische Struktur*" ist, von statischen Kenntnissen unbelastet, entwickelt worden. Um einen Knotenpunkt, in dem viele Elemente zusammentreffen, zu vermeiden und das Skelett auf ein oder zwei Grundelemente zurückzuführen, sind die Anschlüsse nicht bei dem Stützenkopf, sondern im Feld bzw. in der Stützenmitte angeordnet. So entstand das dreischenklige Bumerangelement, das beträchtliche Biegemomente aufnehmen muß, besonders wenn die Stützen auf den einzelnen Etagen verschoben angeordnet sind. Eine Bemessung würde bei dem skizzierten fünfetagigen Bauwerk zu einem erschütternden Ergebnis führen. Ein Teil der Anschlüsse muß biegesteif ausgebildet werden. Alle diese komplizierten Knotenpunktprobleme können vermieden werden, wenn man, statt nach einem Skelett zu suchen, die Aufgabe anders formulieren würde: Es sind Flächen zu schaffen, die die Räume trennen bzw. abschließen und gewisse statische und andere Bedingungen erfüllen. Die Frage wäre also: Wie sind diese Flächen zu gestalten bzw. womit sind sie auszustatten, damit die Bedingungen erfüllt werden? Dadurch gelangt man zu Flächentragwerken, bei denen die Anschlüsse nicht in einzelnen Punkten konzentriert, sondern an Linien verteilt sind.

Das Material für die „dynamische Struktur" soll später bestimmt werden. Die stoffgerechte Gestaltung wird durch die vorher festgelegte Konstruktion gehemmt.

Es ist weiterhin charakteristisch, daß Wachsmann und seine Teams dieselben Konstruktionen oder Konstruktionsteile für grundverschiedene Zwecke und Beanspruchungen verwenden.

Dieser falsche konstruktivistische Formalismus wird durch Addition weitgespannte Konstruktionen schaffen, „wie sie vorher nie konzipiert werden konnten", und entwickelt „nicht nur eine neue Ästhetik und eigene Sprache bisher unbekannter Schönheitsbegriffe", „sondern darüber hinaus eine neue Ethik der Kunstanschauung überhaupt als Symbol einer neuen Epoche".

Die Konstruktionen werden in Teamarbeit entworfen. Da es „nicht in der Absicht des Teamtrainings liegt, das Talent zu züchten", ist es klar, daß in dem Team Leute vom Beta-Typ[1] arbeiten, die Maschinen werden von Gammas[1] angefertigt, die Montage führen Deltas[1] aus.

Rezension „Wendepunkt im Bauen", aus: Bauwelt Heft 29/1961

Giedion, S.: Space, Time and Architecture, Geoffrey Cumberlege, Oxford University Press London 1952, Neunte Auflage.
Huxley, Aldons: Brave New World, 1932 u. 1949, deutsch: Schöne Neue Welt, Fischer-Verlag, 1953.
Maré, Eric de: The Bridges of Britain, London, B. T. Batsford LTD 1954.
Stahl im Hochbau, Verlag Stahleisen mbH., Düsseldorf, 1959, Zwölfte Auflage.
Wachsmann, Konrad: Wendepunkt im Bauen, Krauskopf-Verlag, Wiesbaden 1959.

Abschied von Bucky

Goldglückchen und die drei Bären. „Tetrascroll". Von R. Buckminster Fuller. DuMont Buchverlag, Köln 1983.

Aus dem Klappentext erfährt der Leser, R. Buckminster Fuller „gilt als der angesehendste lebende Philosoph und Naturwissenschaftler der USA". Da er mittlerweile verstorben ist, macht man sich Vorwürfe, dieses nordamerikanische Genie doch nicht richtig erkannt und gewürdigt zu haben. Vielleicht war eben er derjenige Naturwissenschaftler, Philosph, der das westliche Wissenschaftsverständnis vom Joch der Metaphysik, das durch Aristoteles auf ihm lastet, befreite bzw. befreien sollte. Die Erwartung wird unbezähmbar, wenn man im Vorwort liest: „Ich spürte, daß Kinder in dieser Hinsicht einen großen Vorteil haben, da sie nicht mit den Fehlkonzeptionen und veralteten Vorurteilen belastet sind, mit denen die Erwachsenen im Laufe ihrer formalen ‚Ausbildung' überschwemmt wurden." Man liest ungeduldig die 20seitige Einführung, in der A. Wallach die Geschichte der Entstehung des Buches erzählt. Die Entstehungsgeschichte wichtiger Ereignisse (z. B. wie Szilard die Unterschrift Einsteins unter den Brief an Roosevelt ertrotzte) muß festgehalten werden. Das versteht sich. Aber die Gier, „metafreie" Wissenschaft zu erfahren, drosselt die Neugier an der Geschichte, bis nur noch der Eindruck übrigbleibt: hier müssen sich manche für sehr wichtig gehalten haben.

Endlich wieder bei Buckys Text angelangt: Das Tetraeder, das durch Papi Bärs Nase (Polarstern), Winzig Bärs (Kassiopeia) Vorderpfote und Goldy gebildet wird, ist eine nette Idee, insbesondere, weil durch die Live-Show über die Lichtjahre in die geometrische Betrachtung die Zeit einbezogen wird. Die geometrische Abstraktion wird deutlich. Vorerst ist klar, daß mit dem Begriff Tetraeder hier nicht der platonische, also kein regelmäßiger Körper gemeint ist, manchmal aber doch. Zwar könnte man kürzer erklären, daß die Verbindung von drei Punkten mit starren Stäben (relativ) unverschieblich ist und die Ankoppelung eines vierten Punktes, der nicht in der Ebene liegt, mit drei weiteren Stäben erfolgt, aber man ist vorerst willig, dem Gedankengang zu folgen. Durch „Goldy sagt zu den Bären" werden die Erklärungen niedlich, jedoch nicht leichter verständlich. Goldy und die Bären machen eine strenge Beweisführung überflüssig. Goldy ist glaubwürdig, da es ein Kind ist, und die Sterne erzählen ihre Beobachtungen. Goldy setzt beim Leser schon einiges voraus, und zwar eben diese Ausbildung, die laut Bucky für das Verständnis der Geschehnisse hinderlich ist.

Bevor wir zum Tetraeder zurückkehren, muß ein Begriff geklärt werden, nämlich, daß „... Synergie das Verhalten ganzer Systeme bedeutet, das nicht durch das Verhalten aller einzelnen betrachteten Systemteile vorherzusagen ist". „Begriffe sind stets synergetische Systeme. Begriffe sind Maximal-Minimal-Anforderungen denkbarer, begrifflicher, wechselseitig verknüpfter Erfahrungs-Erinnerungen, die nur durch die Zeit vom nicht simultanen, einheitlich nicht begrifflichen Scenario-Universum bestimmbar unterschieden sind." Die Bären verstehen das.

Mit dem Dreieck und dem Tetraeder kann man einiges anstellen. „Goldy ... entdeckt, daß das Quadrat einer Zahl auch aus einem entsprechend unterteilten Dreieck gewonnen werden kann und daß ein zweites Multiplizieren einer Zahl mit sich selbst ... als Methode volumentarischer Beschreibung mit dem Maß des all-symmetrischen Ausdehnungswachstums (mit Wachstum ist die Zeit in das Potenzieren hineingerutscht) des Tetraeders identifiziert werden kann (eine ähnliche Interpretation haben bereits die Pythagoreer gehabt), wohingegen Wissenschaftler und Gelehrte dies dritte Potenzieren einer Zahl stets ausschließlich mit dem Maß identifiziert haben, in dem sich Würfel vervielfältigen..." Goldy merkt dabei nicht, daß durch die Teilung das Potenzieren auf ganze Zahlen beschränkt bleibt und die Anwendung einer absoluten Maßeinheit ausgeschlossen wird.

Spätestens im 6. Kapitel werden die Hoffnungen auf Befreiung der Wissenschaft von der Metaphysik endgültig zerstört: „Bei Benutzung von Vektoren können die beiden Schenkel eines gegebenen Winkels nur durch einen dritten unsichtbaren Vektor als potentiell realisierbar angesehen werden, der sie unsichtbar an den Endpunkten des Winkels auseinanderhält. Das ist Metaphysik und keine Magie." „Metaphysik umfaßt alle Erfahrungen, wie z. B. das Phänomen ‚Verstehen', die keine Kompaßnadel bewegen. Das metaphysische Universum reiner Prinzipien bildet das Gegenstück zu den physikalischen Komponenten, um in reinen, abstrakten Prinzipien die leeren, aber die strukturell stabilisierenden Dreiecke zu verwirklichen." Von Goldy erfährt man, daß sich mit dem Tetraeder Probleme der Quantenmechanik, der Quantensprung, das mathematische Modell für die DNARNA-Helix, die spezifische Information für die Gestalt aller biologischen Spezies, sogar die Naga, die göttliche Seeschlange, darstellen lassen. Das muß als ein echter Fortschritt gewertet werden, da bei Platon nur die Partikel des Feuers aus Tetraedern waren, den anderen „Grundelementen" hat er die restlichen „seiner" (platonischen) Körper dazugedacht (Timaios). Die Wehmut, die der nun endgültige Abschied vom „vollkommensten" Körper, von der Kugel, hochquellen läßt, weicht schnell der Begeisterung über diesen Tausendsassa Tetraeder. In den Salons zu Zeiten Descartes, wo jeder mit den phantastischsten Theorien das Universum erklären wollte, wäre Buckminster Fuller größte Bewunderung zuteil geworden.

Da das Tetraeder der Minimalaufwand für eine „Struktur" ist, paßt die These, daß „die Natur ihre Probleme stets höchst ökonomisch löst", nahtlos in die Fullersche Metaphysik. Leibniz hätte sich gefreut. Der Aufwand kann nur an der Zielsetzung definiert werden. Solange das Ziel des Seins nicht bekannt ist oder nicht definiert wird, kann der Natur sowohl die höchste Ökonomie als auch die Verschwendung attestiert werden. Letztere wäre wohl zutreffender. Beim sinnlosen Sein ist der geringste Aufwand Verschwendung. Das ethische Gebot, der (jeder) Mensch ist Zweck (Kant/Popper), gestattet keinen Aufwand, keine Nutzungsanalyse. „Da das Phänomen ‚Leben' und sein begreifender Verstand nur metaphysisch, schwerelos, raumlos und unsterblich sind, gibt es keine physischen Umweltbedingungen, in denen Menschen nicht kraft ihrer Erkenntnis gedeihen können." Ist das Erkenntnis? Ist unsere Furcht vor der Vernichtung unbegründet? Worauf bezieht sich die Ökonomie bei dem so aufgefaßten Phänomen ‚Leben'? Goldy sagt, daß Darwins Evolutions-Sequenz ein brillanter Entwurf war, aber die Reihenfolge des Auftretens eine Umkehr der Wirklichkeit. Menschen sind so kompliziert wie das Universum. Jeder Mensch ist eine Art, aus der all die potentiellen Wechselverwandelbarkeiten, Freiheitsgrade und Häufigkeitsvariablen resultieren können, während alle anderen komplementären Evolutionsereignisse des Universums gleichzeitig auftreten. Wenn wir das Universum mit Gott gleichsetzen, dann sind wir doch Gottes Ebenbild. Das ist sehr beruhigend.

Obwohl das Tetraeder die Basis der Biologie ist, entstand der Mensch nicht aus dem Tetraeder. Er landete auf der Erde. Die Sterne haben es gesehen. Däniken hat doch recht. Der Mensch landete auf einem Atoll, wo

die schönen flachen Strände durch „Korallenriff-Walls" gegen die gewaltigen Ozeanbrecher geschützt waren. Unter diesen klimatischen Bedingungen brauchten sie auch keine Häuser zu bauen. Sie bauten Flöße und Boote. Die Boote nach dem Vorbild des Brustkorbes.
„Was in der Geschichte vom Garten Eden bei der Erschaffung der Frau aus der Rippe des Mannes wie reiner Unsinn erscheint, wird wie folgt erklärt: Segelschiffe sind immer weiblich, weil sie ihre Besatzung in ihrer inneren Leibeshöhle tragen. Die weibliche ‚Eva' war das rund um die Welt hochseetüchtige Schiff; ihre hohe Stabilität wurde entwickelt, als die Seefahrer den Rippenkorb entdeckten, den die Natur in der Konstruktion der Wale, Tümmler, Seehunde, Walrosse und anderer großer Meerestiere verwendet. So baute der Mann sein Hochseeschiff ‚Eva', der er kräftige Holzrippen seitlich auf den Kiel setzte, ‚sie' (Eva) beplankte, die Kanten der Planken mit Lederriemen aneinander und dann fest mit den Rippen verband. So wurde Eva, das Schiff, nach Adams Brustkorbmodell gebaut und mit Adam an Bord von Naga, der Schlange — dem Meeresgott — in Versuchung geführt. So zeigt Naga Adam durch das Hilfsmittel Eva, daß die Erde rund ist wie ein Apfel."
Mit dieser neuen Geschichte habe ich meine Schwierigkeiten, da ich eben angefangen habe, mich an die alte „unsinnige Geschichte" zu gewöhnen. Die Seefahrer, entfernt von ihren Atollen, suchten unter den auf Land gezogenen Booten Schutz. Bei rauher Witterung haben sie die Boote umgedreht. So wurden die Schiffe die ersten Häuser. „Oft stellten die Wikinger je vier Boote auf ‚Böcken' mit den Enden in Form eines Kreuzes aneinander... Daraus entstand der kreuzförmige Prototyp der späteren Kathedralen, deren gerippte Steingewölbeverzierung ‚nave' genannt wurde — das Schiff." Die Kurven der Dachfirste ergaben sich aus dem Bootsbau, und wenn „die Fundamente der Maya-Bauwerke in Yucatan gerade sind", dann deshalb, weil sie von Floßfahrern abstammen.
Der Tetraederansatz ist so ergiebig, daß sich damit, bzw. mit dessen Grundelement, mit dem Dreieck, die Menschheitsgeschichte erklären läßt. Die Menschen teilt Bucky in zwei Gruppen: Wasser-Leute und Land-Leute. Eine der wichtigsten Eigenschaften der ‚Wasserwelt-Völker' ist die „völlige Unfähigkeit, Kredit zu geben und zu nehmen und in westlich-bodenbeständiger Manier Geschäfte zu machen". „Die Wasserleute können sich nicht wie die Geschäftsleute vormachen, daß ein Rechteck eine inhärent stabile Struktur ist, daß Wind, Sonne oder andere Arbeitsmit-

tel des Universums jemandem gehören, oder daß es scheinbar auf ewig einen tödlichen Mangel an menschlichem Lebensbedarf gibt, was angeblich untrennbar zum Stoffwechsel des biosphärischen Systems des Planeten Erde gehört." Die Atollbewohner wußten von Anfang an aus Erfahrung, daß die Erde eine Kugel ist. „Die großen Reiche Mesopotamiens sahen die(se) Nautiker-Priester, die ihren Beruf seit seinem Ursprung auf den austronesischen Atollen in langer, ununterbrochener Folge weitervererbten, von Zeit zu Zeit jene stets von Osten her erreichten Länder heimsuchen, um die örtlichen Könige heimlich zu kontrollieren und so zum Nutzen oder Schaden der Gesellschaft der verschiedenen Länder heimlich zu manipulieren. Die Geheimnisse der Priester liefen niemals Gefahr, entdeckt zu werden, wenn die Nautiker juwelenübersäte, goldene Kugeln als Zeichen der All-Herrschaft ihrer Könige diesen in die Hand legten, weil sie wußten, daß diese aufs platte Land fixierten Landratten von Königen die Bedeutung der Kugel als Weltmodell niemals begreifen würden. Die Könige kannten nur ihre Domänen: flach wie Landkarten, überschaubar und trocken." Die wahren Herrscher waren die ‚Finanz-Manipulatoren' der „abwechselnd vorherrschenden" zehn „Ost-West-Handelsrouten".
„Wie die frühen Wasser-Leute nahm man an, daß die Götter sich nicht um das Volk, sondern nur um den jeweiligen Monarchen kümmerten, und dies nur, um dem König einen Platz unter den Göttern zu sichern." Durch die „Entwicklung und Verbreitung von technologischem Know-how" wurde es auch möglich, die Edelleute mit Ausrüstung zu versehen, die „für die sichere Überfahrt ins Jenseits ratsam" ist. „Im Laufe der Jahrtausende wurde das angehäufte Know-how so groß, daß es im letzten Jahrtausend v. Chr. technisch möglich wurde, ebenso kunstvolle Mausoleen vorzubereiten, die den reichen Mittelschichten die Reise in die andere Welt ermöglichten." „Es erwuchs die philosophische Notwendigkeit, einen Gott für das gemeine Volk zu entwickeln, der jedermann im Jenseits willkommen heißen würde." So kamen Buddha, Christus und Mohammed. Bucky versteht es, den großen Bogen bis in unsere Tage zu ziehen.
Er brennt mit Goldy und den drei Bären – wie er dies auch sonst tat – ein Feuerwerk aus assoziativen Spekulationen ohne Beweis ab als ‚trial and error'. In den schulmäßigen Wissenschaften hemmt die Beweisführung die Phantasie. Das bedeutet aber nicht, daß sie mit weniger ‚error' auskämen. Durch den deduktiven Ansatz ist der Irrtum a priori eingebaut. So kommt es in diesem Fall auf die Beweisführung gar nicht mehr an.

Buckys Erzählungen sind interessant und vielleicht partiell zutreffend, wie zum Beispiel seine Analyse der Gegenwart: „Danach entwickelten die finanzkräftigen Führer das umfassende Modell einer spezialisierten Ausbildung, die alle Mitglieder der Gesellschaft dazu bringen sollte, sich ‚nur um die eigenen Angelegenheiten zum kümmern‘, während die Herrscher und ihre Geldgeber sich um die Angelegenheiten aller kümmerten. Je komplizierter die Geschäfte der Menschen wurden, desto höher wurden der Umsatz und die anfallenden Maklergebühren. Daher finanzierten diese herrschenden Strategen ein Teile-und-herrsche-Erziehungssystem, durch das die Mächtigen ihre Wissenschaftler und andere lehrten, hochbezahlte, zuverlässige, spezialisierte und blind gehorchende Diener zu werden. Die Wissenschaftler werden angewiesen, ihre Überlegungen auf die internen Angelegenheiten ihrer aufwendigen Laboratorien zu beschränken — dort die ‚Eier‘ zu legen, darüber ohne die Verfügungsgewalt und weitere Fragen der Weisheit ihrer Beschützer zu überlassen, deren überlegene Weisheit, wie man annahm und noch annimmt, unmittelbar in der harten Tatsache offenkundig wird, daß die Herrschenden ihre letztlich von Waffen getragene, in wertlosem Papier berechnete, überlegene öko-politische Macht besitzen."

„Das grundlegende planetarische Knappheitssyndrom kann heute, in der zweiten Hälfte des 20. Jahrhunderts, nur aufrechterhalten werden durch die Jahr für Jahr fortgesetzte Verschwendung jener 200 Milliarden Dollar pro Jahr, die die führenden Weltmächte für Bewaffnung und Munition, Spionage und Gegenspionage, geplanten Aufruhr, Psycho-Guerilla-Kriegsführung, Bombardierung der Zivilbevölkerung, gegenseitige Versorgung mit Rauschgift, Anschläge, Mord, die Zerstörung von Häusern und die Vernichtung von Landstrichen unglücklicher Völker und Länder ausgeben, die von den ‚Sozialisten‘ und ‚Kapitalisten‘ ausgewählt wurden, um deren ständige Ausbeutungskriege durch Bewaffnung, Training und Finanzierung ihrer jeweiligen Marionetten-‚Feinde‘ fortzuführen, wodurch sie eine direkte Konfrontation mit dem ideologischen Hauptgegner vermeiden, da dies Treffen nicht mehr durch Verhandlungen beendet werden könnte. Zweihundert Milliarden Dollar pro Jahr während des letzten Vierteljahrhunderts summieren sich zu fünf Billionen Dollar, die seit dem Zweiten Weltkrieg von den Weltmacht-Strukturen absichtlich vergeudet wurden, um ihre jeweiligen politischen Stellungen zu festigen, die sie bezüglich der irreführenden soziopolitischen Annahme einer

grundlegenden Lebensbedarfs-Knappheit eingenommen hatten, wozu jede Ideologie sagt: ‚Dir mag mein System nicht gefallen, aber es ist die gerechteste und logischste Art, mit dem tödlichen Mangel an Lebensbedarf fertigzuwerden'."
„Das ‚Geschäft' des Geschäftsmannes und seine Erfindungen abstrakter Bankkredite, Finanzierungen, Zinsen, Einlagen, Münzen, Volkswirtschaft, Wechselkursen, Handelsbilanzen, Versicherungen, Buchhaltung und vor allem unkontrollierter ‚Preisgestaltung' gedeihen offensichtlich am besten, wenn die ‚Ware' am knappsten ist. Verknappung tritt mit größter Sicherheit ein, wenn Regierungen das meiste für Rüstungsproduktion ausgeben, welche dazu neigt, alle friedlichen Bedarfsgüter und Dienstleistungen zu verknappen."
Vielleicht eben weil er ohne Beweisführung auskommt, wagt der metaphysische Materialist, der unverbesserliche Idealist, zu sagen —, nein er wagt es nicht — er läßt Goldy „nachdenklich" sagen: „Wenn die Erwachsenen von ihren veralteten Spielen um Geld und Politik genügend in Beschlag genommen werden, wird die Jugend der Menschheit, ernüchtert von der Vergeblichkeit der Selbstsucht, in stiller Zusammenarbeit die irdischen Angelegenheiten lenken. Die Sensibilität der Jugend, ihre spontane Liebe zur Wahrheit, ihr Mitgefühl und vor allem ihr von Liebe inspirierter Drang, die Mysterien der menschlichen Existenz im Universum zu verstehen, werden die Menschheit zur erfolgreichen Erfüllung der ihr zugedachten Aufgabe im Universum führen. Ich bin voller Zuversicht, daß ihr, meine erhabenen Freunde bei den Sternen, Zeugen einer glücklichen Geburt werdet."
Hier zeigt sich, daß Bucky sich von der vorherrschenden Philosophie nicht entfernt hat. Der Menschheit ist im Universum eine Aufgabe zugedacht. Welche, das weiß er auch nicht. Aber ich weiß jetzt, warum die Konstruktionen von Buckminster-Fuller lediglich geometrische Gebilde sind unter Außerachtlassung der Aspekte des Tragverhaltens, der Herstellung, des Transports und der Montage.

Rezension „Tetrascroll", aus: Bauwelt Heft 11/1984

Veröffentlichungen

1. Allgem. theoretische Abhandlungen

- Konsequenz in der Statik.
Bauwelt 8/61
- Materialgerechte Stahlbeton-Fertigteilkonstruktionen.
Betonsteinzeitung 5/62
- Berechnung der hyperbolischen Paraboloidschalen über beliebigen Viereckgrundrissen.
Beton- und Stahlbetonbau 9/62
- Kritische Betrachtungen zu DIN 4225 – Fertigteile aus Stahlbeton,
Mitverfasser: W. Schröder.
Der Bauingenieur 1/63
- Richtlinien für Großtafelbauten.
Bauwelt 17/64
- Schalen und ihre Randträger.
Deutsche Bauzeitschrift 3/65
- Neue Aspekte im Stahlbeton-Schalenbau. Bauwelt 32/65
- Flächentragwerke im Kirchenbau.
Münster 5.6/66
- Statische Untersuchung des Thronsaals der Südburg in Babylon,
Mitverfasser: G. Winkler. Mitteilungen der Deutschen Orient-Gesellschaft zu Berlin 99/68
- Gesichtspunkte zur herstellungstechnisch und statisch zweckmäßigen Gestaltung von Stahlbeton-Flächentragwerken. Humanismus und Technik Band 12, Heft 2, 20. 6. 68

- Flächentragwerke aus Glasfaser-Kunststoffen, Mitverfasser: Dipl.-Ing. K. Metz. Verstärkte Kunststoffe 12/68
- Wohnungsssysteme in Großtafeln 1968 Technische Universität Berlin, Lehrstuhl für Entwerfen VI Prof. O. M. Ungers, Konstruktive Betreuung
- Wohnungssysteme in Stahl 1968 Technische Universität Berlin, Lehrstuhl für Entwerfen VI Prof. O. M. Ungers, Konstruktive Betreuung
- Wohnungssysteme in Raumzellen 1969 Technische Universität Berlin, Lehrstuhl für Entwerfen VI Prof. O. M. Ungers, Konstruktive Betreuung
- Tragkonstruktionen aus Kunststoffen. kib Kunststoffe im Bau, Themenheft 14
- Überdachung von Kunsteisbahnen. Sportstättenbau und Bäderanlagen 2/69
- Rohbaukosten-Analyse von Wohnbebäuden. Mitverfasser: G. Winkler und H. Fink. Herausgegeben vom Lehrstuhl für Tragwerkslehre Prof. Dipl.-Ing. S. Polónyi an der Technischen Universität Berlin, 1969, Nachdruck Universität Dortmund 1974
- Beulprobleme und Beulsicherung dünnwandiger Tragwerke. Kunststoffe 12/70 (Vortrag auf der 9. öffentlichen Jahrestagung der Arbeitsgemeinschaft Verstärkte Kunststoffe, 6. bis 9. 10. 1970 in Freudenstadt)
- Beitrag zur „Kritik zum Text ‚Politisierung und Teamwork freier Architekten'". bauen konkret 2/71
- Numerisch gesteuerte Maschinen für die Herstellung von tragenden Bauteilen. Bauwelt 18/72
- Numerisch gesteuerte Maschinen für die Herstellung von tragenden Bauteilen. Die Bautechnik 12/72
- Stadionüberdachungen. Bauwelt 47/72
- Stadionüberdachungen. Allgemeine Bauzeitung 3/73
- Was ist eine Brücke? Die Bautechnik 1/73
- Überdachungen aus GUP - Methoden des Konstruierens. Plasticonstruktion 1/73

- Hautartige Schalen für Überdachungen, Mitverfasser: Dipl.-Ing. Peter Koch. Die Bautechnik 6/73
- Konsequente Brandschutzmaßnahmen. Deutsche Feuerwehrzeitung 6/73
- Konsequente Brandschutzmaßnahmen. Bauwelt 34/73
- Beamlike shells and folded structures made of plastic. Technion Haifa, Israel. September 1973
- Das Effektivitätsprinzip im Brandschutz. Brandsicheres Bauen mit Stahl. Stahlbauverein Bayern. e.V., Stahlbauvereinigung Baden-Württemberg 1975
- Untersuchung: Tragkonstruktionen im Hochschulbau - Nachweis der Kosteneinflüsse und Konstruktionshöhen aus unterschiedlichen Stützweiten, Nutzlasten und statischen Systemen. Mitverfasser: Staatliche Hochbauverwaltung des Landes Baden-Württemberg 1975
- Betrachtungen der Einflüsse verschiedener Parameter auf die Kosten der Tragkonstruktionen von Institutsbauten. Forschungsbericht Juni 1975
- Zuverlässigkeitsbetrachtungen und Kontrollmöglichkeiten (Prüfung) zur praktischen Berechnung mit der Finite Element Methode. Mitverfasser: Dr.-Ing. E. Reyer. Die Bautechnik 11/75
- Kosten der Tragkonstruktionen von Skelettbauten. Der Bundesminister für Bildung und Wissenschaft, Schriftenreihe Hochschule 18/1976
- Die merkwürdige Denkart der Bauingenieure - dargestellt an zwei Beispielen der Entwicklung von Stahlbeton-Fertigteilkonstruktionen. Bauwelt 31/76
- Interpretation der Osteoporosezeichen im Röntgenbild als Teilaspekt der neuen hämodynamisch-biostatischen Theorie der Ostoeporose. Mit E. Krokowski und M. Fricke. Rö-Fo Fortschritte auf dem Gebiete der Röntgenstrahlen und der Nuklearmedizin 4/76
- Kostenkontrollierte Planung - Planung der Tragkonstruktionen von Systembauten. Element + Fertigbau 5/76

- Fortentwicklung von Bausystemen, Wohnungen für Studenten. Der Bundesminister für Bildung und Wissenschaft (Hrsg.)
- Die Studiengänge „Konstruktiver Ingenieurbau" sowie „Bauproduktion und Bauwirtschaft" an der Universität Dortmund. Mitverfasser: Prof. Dr.-Ing. Hermann Bauer. Die Bautechnik 11/77
- „Basys" Bausystem mit Prof. Dr.-Ing. Gerd Fesel, Herausgeber: Prof. Dr.-Ing. Gerd Fesel, Darmstadt 1977
- Konstruktionsirrtümer. Bauwelt 23/78
- Das Effektivitätsprinzip im Brandschutz. Stahlbau Rundschau Wien 53/79
- Folded Space Structures in Kiel and Darmstadt. IASS Weltkongreß Madrid 1979
- Skin-Like Shells for Roof Structures. IASS Weltkongreß Madrid 1979
- Der Einfluß der Randbalkensteifigkeit auf das Tragverhalten von HP-Schalen. Mitverfasser: W. Walochnik. IASS-Bulletin 73/80
- Vom Statiker zum Tragwerksplaner. Beratende Ingenieure 4/80
- Baukonstruktion und Brandschutz. Deutsche Bauzeitung 5/80
- A tartószerkezetek tervezési elvei az elmúlt húsz évben kivitelezett néhány munkával szemléltetve (Entwerfen von Tragkonstruktionen – dargestellt an den Arbeiten der letzten 20 Jahre). MAGYAR EPITÖIPAR 8/80
- Einige Gedanken über den wissenschaftlichen Stand der Baustatik, Zum 30. Todestag von Emil Mörsch, Anhang 1: Konsolen, abgesetzte Auflager – Modellbildung, Berechnung, Bewehrungsvorschlag. Anhang 2: Köcherfundamente – Modellbildung, Berechnung, Bewehrungsvorschlag. Die Bautechnik 1/81
- Überlegungen zum Holzbau. Bauwelt 35/81
- Der Tragwerksingenieur – Erfüllungsgehilfe oder Partner des Architekten? Kasseler Hochschulwoche 6/81
- Der Tragwerksingenieur und seine Wissenschaft. Bauwelt 5/82
- Der Tragwerksingenieur und seine Wissenschaft. Die Bautechnik 9/82
- Ansätze in der Konzeption des Stahlbetons. Mitverfasser: Dipl.-Ing. Klaus Bollinger. Die Bautechnik 4/83
- Die Bedeutung der DIN 18 230 – Baulicher Brandschutz im Industriebau. Bauwelt 25/83
- Die Bedeutung der DIN 18 230 – Baulicher Brandschutz im Industriebau, Die Bautechnik 8/83
- Der Tragwerksingenieur und die modernen Architekturen. Bauwelt 3/84
- Bewehren nach der neuen Stahlbeton-Konzeption – I. Der Balken, die Kreisplatte. Die innere Steifigkeit, Mitverfasser: Dipl.-Ing. Klaus Bollinger und K. Block, Die Bautechnik Heft 12, 1984
- Das räumliche Denken als Voraussetzung der modernen Technik. Berichte aus der Forschung der Universität Dortmund, UNI-Report Heft 1, 1985
- AZ ÚJ VASEBETON-KONCEPCIÓ (Die neue Stahlbeton-Konzeption) AZ ÉPÍTÉSZETTUDOMÁNY 1985. ÉVI 3-4. SZÁMÁBÓL (Bau- und Bauwissenschaft) Nr. 3/4, 1985 (Sonderdruck) ungarisch
- Wissenschaftsverständnis, Tragkonstruktion, Architektur (deutsch und englisch). DAIDALOS 18, Dez. 1985
- Revision des Wissenschaftsverständnisses – von Pythagoras bis zum Dortmunder Modell Bauwesen. Festvortrag anläßlich der Verleihung der Ehrendoktorwürde durch den Fachbereich Architektur der Gesamthochschule Kassel. Prisma, GHK, Nov. 1985
- Revision des Wissenschaftsverständnisses. Festschrift des Fachbereiches Architektur der Gesamthochschule/Universität Kassel zur Verleihung der Ehrendoktorwürde an Prof. Dipl.-Ing. E. h. Stefan Polónyi, Februar 1986
- Optimierung von Hallenbauten. Forschungsvorhaben an der Universität Dortmund. Informationen März 1986 des

Landesinstituts für Bauwesen und
angewandte Bauschadensforschung
Nordrhein-Westfalen
- Hallen – Planungshilfe für
kostengünstige Konstruktion und
Dimensionierung. Rudolf Müller Verlag,
Köln 1986
- Prinzipien zum Tragwerksentwurf.
„arcus" Heft Mai/Juni 1986
- Einfluß der Wissenschaft auf das
Bauwesen. (Vortrag Stuttgart, 3. 2. 1987)
arcus Heft Jan./Feb. 1987

**2. Berichte über Bauten, die vom
Ingenieurbüro für Bauwesen Polónyi oder
unter Mitwirkung entworfen wurden**

*2.1 Eigenberichte und Berichte
mit eigenen Beiträgen*
- Schotterwerke in Westfalen. Bauwelt 3/61
- Vier Shedhallen mit Stahlbeton-Fertigteilen. Bauwelt 44-45/63
- Gästehaus in Bad Godesberg, Die Tragkonstruktion. Bauwelt 1/2 1976
- Schalen und Faltwerke. Bauwelt 36/67
- „Galerie für Keramik" in Frechen bei Köln. Bauwelt 44/72
- „Schulzentrum Kronberg". acier-stahl-steel 4/75. Mitverfasser: Prof. Dr.-Ing. G. Fesel, Dipl.-Ing. G. Engelmann, Bauing. U. Nahrwold, Doz. Dipl.-Ing. H. Idelberger
- Laboratorien und Versuchshallen für die Fakultät Maschinenbau der TH Darmstadt. Mit Prof. Dr.-Ing. Gerd Fesel, Stahl und Form, Inst. f. Int. Architektur-Dokumentation GmbH München, 1979
- Galerie der Frankfurter Messe. Die Bautechnik 11/83
- Messe Frankfurt, Galleria und Halle 9. Bauwelt 3/84
- Gallery at Frankfurt Fair, I.A.S.S. Symposium, Spatial Roof Structures, Räumliche Dachtragwerke. Dortmund 1984
- Gallery at Frankfurt Fair. I.A.S.S. Bulletin No. 87, 1985
- Dresdner Bank Düsseldorf, Überdachung der Kassenhalle. arcus Heft Mai/Juni 1986
- Ein Pavillon. Bauwelt 4/87

2.2 Fremdberichte
- Wohnsiedlung Edigheim. Architecture d'Aujourd'hui Okt.–Nov. 1962
- Für den FC Köln Fußballstadion für 75 000 Zuschauer. Bauwelt 25/65
- Habitation de l'architecte Peter Neufert près de Cologne. Architecture d'Aujourd'hui Febr.-März 1966
- Monostrukturen (Wolfgang Rathke). Bauwelt 6/66
- Fachwerkträger auf zwei Stützen (Überdachung des Olympiastadions Berlin). Bauwelt 46/70
- Kronberger Straße 10. Bauwelt 31/70
- Tiergarten Lewetzow-Markt. Bauwelt 48/70
- Verwaltungsgebäude der Herta KG in Herten/Westfalen. Bauwelt 24/71
- Ku'damm Eck – Einkaufszentrum in Berlin. Bauwelt 34/72
- Flughafen Berlin-Tegel (Verf.: Günter Kühne). Bauwelt 45/74
- Ceramics Gallery. Concrete Quarterly 107, 12/75
- Sozialgebäude der Herta KG in Herten/Westfalen. Bauwelt 21/76
- Fabrikgebäude in Berlin-Reinickendorf. Bauwelt 21/76
- Gesamtschule Kronberg am Taunus. Bauen + Wohnen, Febr.-März 1977
- Laboratorien und Versuchshallen für die Fakultät Maschinenbau TH Darmstadt. Bauen + Wohnen Feb.-März 1977
- Bürohaus – eine Planungsaufgabe zur Verbesserung des Arbeitsplatzes. Bauwelt 16/78
- EGKS – Versuchsstation Berlin. Mit J. Brandi, Stahl und Form. Beratungsstelle für Stahlverwendung 1976
- EGKS – Versuchsstation Berlin. Bauwelt 39/78
- Neun „abgewinkelte Sportler im Liegestütz". Bundesleistungszentrum für Leichtathletik im Westfalenpark in Dortmund von Klaus Idelberger. Stahlbau Nachrichten 3/80
- St. Pius-Kirche Krefeld, Minke, Gernot: Holzflächentragwerke, Informationsdienst Holz A 51. Karl Krämer-Verlag, Stuttgart: 1969

- Nikolai-Centrum in Osnabrück, Beratung und Statik der Fußgängerbrücken. Architekten: E. Schneider-Wessling, I. Werner, B. Richter
- IBZ - Internationales Begegnungszentrum Berlin-Wilmersdorf. Bauwelt 34/83
- Nederlands Dans Theater, Den Haag. Architecture d'Aujourd'hui No. 238/1985
- Temporäre Ausstellungshalle für die Leistungsschau Tokyo-Japan 1984. Kip-Kunststoffe im Bauwesen 2/1985
- Museum für Kunst- und Kulturgeschichte der Stadt Dortmund (Umbau). Bauwelt 20-21/1985
- Krankenhaus Neukölln. Festschrift des Hochbauamtess Neukölln, Berlin März 1986
- Krankenhaus Neukölln. Bauwelt 5/86
- Institut für Werkzeugmaschinen und Fertigungstechnik der TU Berlin - Institut für Produktionsanlagen und Konstruktionstechnik der Fraunhofer Gesellschaft IWF/IPK
1. Festschrift (Herausgeber: Prof. Dr. Dr. h.c. Günter Spur) 3.4.1986
2. Bauwelt 19-20/1986
- Spielbank Dortmund-Hohensyburg. Gartner Kalender 1986
- Ein Pavillon (Tecta Halle). Bauwelt 4/87 S. 126/127

3. **Berichte über Projekte**

- Evangelische Kirche Neuß (mit E. Reusch). Bauwelt 22/61
- Sporthalle Göppingen, Sport- und Kongreßhalle Hamburg, Bauwettbewerbe Sport- und Kongreßhallen. Karl Krämer Verlag 1965
- Gutachten Ruhwald, Veröffentlichungen zur Architektur. Herausgegeben von der TU Berlin vom Lehrstuhl für Entwerfen VI, Prof. Ungers 9/67
- Ideenwettbewerb Ausbau der TU Berlin, 2. Preis: Georg Kohlmaier, Barna v. Sartory, Stefan Polónyi, Berlin. Bauwelt 32/68
- Gutachten zur Konstruktion - Ideenwettbewerb Ausbau der TU Berlin - Bauen + Wohnen, 8/68
- Gutachten zum Entwurf zur Erweiterung der Hochschule für Bildende Künste in Düsseldorf. Bauen + Wohnen Nov. 1968/11
- „Bad-Revolution à la Kira" mit G. Kohlmaier und B. v. Sartory. Baumeister 1/69
- Das Heben der Geschoßbrücken mit P. Koch. Unter der Überschrift „Ein Bausystem für die TU-Berlin". „Der Ausbau einer Universitätsstadt". Deutsche Bauzeitung 1/69
- Wachsende Montage-Universität (Wettbewerbsprojekt Ausbau der TU-Berlin). Baumeister 2/69
- Essen - Anmerkungen zu einem Wettbewerb (Der Essener Wettbewerb um die Erweiterung des Folkwang- und Ruhrland-Museums). Bauwelt 13/78
- Fernmeldeturm Düsseldorf (Betonschornstein) in Arbeitsgemeinschaft mit Brigitte und Christoph Parade. Bauwelt 17/78
- Wettbewerb Flughafengebäude Stuttgart. Bauwelt 18/81
- Teltow-Bad Berlin, Zentralsymmetrische Brettschichtbogenkonstruktion mit Baumstütze, Architekten: E. Schneider-Wessling, P. Seifert

4. **Sonstige Berichte**

- In memoriam Freyssinet - der 5. Internationale Kongreß für Spannbeton in Paris. Bauwelt 11/68
- Flächentragwerke für Raumüberdachungen. Bauwelt 11/68
- Besprechung der Erdarchitektur von Engelbert Kremser. Wedewer/Kempas: Architektonische Spekulationen, Droste Verlag, Düsseldorf 1970 Ehrendoktorwürde für den Vater des Fertigteilbaus: Professor R. v. Halász. Betonwerk + Fertigteil-Technik 7/82
- Walter Kuhn 1913-1984. Bauwelt 39/84

- Beiträge in „- der gemeinsame Weg - Architekten und Ingenieure im Dortmunder Modell Bauwesen" 1984
- Spatial Roof Structures, I.A.S.S. Symposium 1984, Dortmund, I.A.S.S. Bulletin No. 87, 1985

5. Rezensionen

- Konstruktionsbeispiele - Ein Beitrag zu Huxley's „Brave New World": Wendepunkt im Bauen. Bauwelt 29/61
- Pier Luigi Nervi Bauten und Projekte. Bauwelt 47/63
- Tragsysteme von Heinrich Engel. Bauwelt 7/68
- Räumliche Dachtragwerke von H. Rühle. Bauwelt 49/70
- Erläuterungen zu den Stahlbetonbestimmungen. Bauwelt 31/73
- Der praktische Stahlbau, Band I - Berechnung der statisch bestimmten Tragwerke, völlig geänderte 5. Auflage. Von Alfred Gregor und Hans-Joachim Gregor. Bauwelt 40/73
- Einflußfelder elastischer Platten, 4. durchgesehene Auflage. Von Adolf Pucher. Deutsch/Englisch.
- Csonka: Héjszerkezetek (Schalenkonstruktionen). Die Bautechnik 12/82
- Ungers, O. M.: Thematisierung der Architektur. Die Bautechnik
- Holz-Brandschutz-Handbuch von Karl Kordina und C. Meyer-Ottens. Bauwelt
- Abschied von Bucky. Bauwelt 11/84

6. Herausgeber

- Schalen in Beton und Kunststoff - Entwurf, Bemessung, Ausführung. Mit Beiträgen von A. M. Haas, H. Rühle, P. Csonka, H. Isler, F. Candela. Bauverlag, 1970
- I.A.S.S. Symposium, Spatial Roof Structures, Räumliche Dachtragwerke Dortmund 1984. Volume 1 Analysis, Volume 2 Design, Volume 3 Discussion Papers and Lectures; Appendix

7. Skripte für Tragkonstruktionen

- Universität Dortmund Abteilung Bauwesen Lehrstuhl für Tragkonstruktionen

TK 1.1 Allgemeine Grundlagen
1.2 Mauerwerk
1.3 Holzbau-Grundlagen
TK 2.1 Beton- und Stahlbeton - Berechnung von 4seitig gelagerten Platten
2.2 Beton- und Stahlbeton-Grundlagen
TK 3.2 Semiindustriell und industriell hergestellte Wohnbauten
TK 4 Tragkonstruktionen mit punktgelagerten Decken
TK 5 Hallenbauten
TK 7.1 Flächentragwerke Berechnung von Flächentragwerken
TK 8.1 In Stabwerk aufgelöste Flächentragwerke (Hängedächer)

8. Über den Autor und seine Bauten

- Börries H. Sinn: Beton-Prisma 34/1977 Auf der Suche nach der Form des Stahlbetons. Stefan Polónyi - ein Ingenieurportrait
- Joop Niesten: de Architect, oktober 1986 De Constructie-Adviseur als partner van de architect. Bijzondere dakkonstructies van prof. Stefan Polónyi
- Michael Mönninger: Frankfurter Allgemeine Zeitung vom 28.01.1987 Technik als Kunst am Bau. Drahtzieher hinter den Fassaden - der Bauingenieur Stefan Polónyi

Werkverzeichnis
Liste der wichtigeren Bauten

Schema

Projektbezeichnung:
Nutzung:
Standort:
Bearbeitung/Fertigstellung:
Architekt:
Konstruktionsmerkmale:
Baustoff:

1. Wohnbauten

• Wohnsiedlung der BASF
Edigheim (Flachbauten)
Ludwigshafen / Edigheim, 1959-60
Josef Lehmbrock
• Wohnsiedlung
Rheinische Heimstätten AG
Wesseling (bei Köln), 1964-65
Peter Sigmond
Stahlbau-Schottenbau
• Wohnhaus Dr. Kemper
Wuppertal, 1965
Richard Neutra
• Schopping-Center Heerlen
Wohnhochhaus/Tiefgarage
Heerlen / Holland, 1965-66
Peter Sigmond
Stahlbeton-Schottenbau bzw.
Pilzdecken
• Schwesternwohnheim St. Severin
Köln, 1966-67
Georg Gonsior
• METASTADT (Integr. Stadtbausystem)
Messe-Musterbau
Hannover (Messegelände), 1973
Räumliches Vierendeelträger-System
Stahl
• Wohnhaus Neufert
Köln-Hahnwald, 1961
Peter Neufert
Stahlbeton-Zylinderschale
auf 6 Punkten gelagert
• Wohnsiedlung der VAW
Vereinigte Aluminiumwerke
Norf (bei Neuss), 1964-65
Peter Sigmond
Stahlbeton-Schottenbau
• Wohnsiedlung Bonn-Nord
Wohnhäuser / Hotel garni
Bonn-Nord, 1965-66
Peter Sigmond
Stahlbeton-Schottenbau
• Gästehaus A. v. Humboldt-Stiftung
Bonn/Bad Godesberg, 1965-66
Erich Schneider-Wessling
Stützen-Scheiben-System

- Baukastensystem Jankoswiss
Jankoswiss Deutschland
(verschiedene Einsatzorte), 1970-72
Stefan von Jankowich
Stahlbeton-Tafelbauweise
- METASTADT (integr. Stadtbausystem)
Wohn- und Geschäftskomplex
Neue Stadt Wulfen, 1974-75
Räumliches Vierendeelträger-System
Stahl
- EGSK-Versuchsstation
Wohnhaus Schleswiger Ufer
Berlin-Tiergarten, 1974-78, 1975
Jochen Brandi und Partner
Stahlskelett
Europäischer Stahlbaupreis 1977
- Wohnhaus
Alphastadt-Bausystem
Bremen, 1974
Barna v. Sartory / Kohlmaier
Skelettzellenbau
Stahl
- Stadthäuser Weende-Nord
Weende bei Göttingen, 1978-79
Jochen Brandi und Partner
- Wohnhaus Schleswiger Ufer 5-8
Berlin-Tiergarten, 1981-82
Peter Brinkert
- Energiesparhaus
Lützowufer Haus 2
Berlin-Tiergarten, 1982-83
v. Gerkan, Marg + Partner
- Wohnhaus Flotow-/Bachstraße
Berlin-Tiergarten, 1982-83
Peter Brinkert
- Einfamilienhäuser BUGA 85
Berlin-Britz, 1982-83
Bernd Faskel
- Wohnhaus Hohenzollerndamm 85/86
Berlin-Wilmersdorf, 1973-75
Bernhard Binder
Stahlbeton
- Wohn- und Geschäftshaus
Spandauer Damm
Berlin-Charlottenburg, 1975-77
Bernhard Binder
- Internationales Begegnungszentrum
Wohngebäude für Wissenschaftler
Berlin-Wilmersdorf, 1979-82
O. Steidle / S. Geiger / A. Lux

- Wohnüberbauung Nikolaiort
(konstruktive Beratung)
Osnabrück, 1981
Erich Schneider-Wessling
Stahlbeton
- Energiesparhaus
Lützowufer Haus 5
Berlin-Tiergarten, 1982-83
Manfred Schiedhelm, Karen Axelrad
- Wohnhaus Schwarzspechtweg 45
Berlin-Konradshöhe, 1982-83
W. Bete
- Wohn- und Geschäftshaus
Müllerstraße 139 (Umbau)
Berlin-Wedding, 1982-83
Manfred Gehrmann
- Wohn- und Geschäftshaus
Müllerstraße 40 b (Umbau)
Berlin-Wedding, 1982-83
Manfred Gehrmann
- Wohnhaus Cuxhavener Straße
Berlin-Tiergarten, 1983
Peter Brinkert
- Wohngebäude Flotowstraße 4
Berlin-Tiergarten, 1984
V. Patke
- Galeriehaus mit Wohnungen
Venloer Straße 21
Köln, 1986-87
Oswald M. Ungers
Stahlbeton
- Wohnhaus Liebenwalder Str. 31-32
Berlin-Wedding, 1983
Manfred Gehrmann
- Studentenwohnheim
Göttingen, 1984
W. Bete
- Umbau der ehemaligen Glashütte
Wohn- und Bürogebäude
Utscheid/Eifel, 1986
Oswald M. Ungers
Mauerwerk, Stahlbeton

2. Büro- und Geschäftsbauten

- Shopping-Center Heerlen
Heerlen/Holland, 1965-66
Peter Sigmond
Stahlbeton

- Ku'damm-Eck
Einkaufszentrum, Tiefgarage
Berlin-Charlottenburg, 1968-71
Werner Düttmann
Stahl-Stahlbeton-Verbund
- Levetzow-Markt
Einkaufszentrum mit Wohnhaus
Berlin-Tiergarten, 1969-71
Ernst F. Bartels, Schmitt-Ott
Stahlbetonfertigteile
- Kiosk
Baabe/Rügen DDR, 1971
hautartige Rotationsschale
Spritzbeton
- Landeszentralbank (LZB) Hessen
Bank, Tiefgarage, Wohnhaus
Wiesbaden, 1982-83
Erich Schneider-Wessling
Stahlbeton
- Stadtsparkasse Köln SSK
Bankgebäude, Läden, Tiefgarage
Köln 1, Hahnenstraße, 1987-
HPP Hentrich, Petschnigg + Partner
Stahlbeton, Stahl
- Forum Steglitz
Einkaufszentrum, Markt, Parkhaus
Berlin-Steglitz, 1968-69
Georg Heinrichs
Stahlskelett, Flachdecken,
Stahl/Stahlbeton
- Te-Damm-Markt
Einkaufszentrum mit Wohnhaus
Berlin-Tempelhof, 1969-71
Ernst F. Bartels, Schmidt-Ott
Stahlbeton
- Drake-Markt
Einkaufszentrum mit Wohnhaus
Berlin-Lichterfelde, 1969-71
Ernst F. Bartels, Schmidt-Ott
Stahlbeton
- Wissenschaftszentrum Berlin WZB
Berlin-Tiergarten, 1980-87
James Stirling
Mauerwerk, Stahlbeton
- Dresdner Bank
Glasdach der Kassenhalle
Düsseldorf, 1981-84
KSP Kraemer, Sieverts + Partner
unterspannte Lüftungskanäle
Stahl, Gußeisen
- Westdeutscher Rundfunk
WDR Landesstudio
Glasdach und -Fassade
Düsseldorf, 1987-
Parade & Parade
Stahl, Glas

3. Verwaltungsbauten

- Hafenverwaltungsgebäude
Lomé/Togo, 1964
- Verwaltungs- und Sozialgebäude
Herta KG
Herten/Westfalen, 1970-75
Werner Ruhnau
Stahlbeton-Fertigteilbau
Stahl, Fachwerk
- Verwaltungsgebäude der VAW
Vereinigte Aluminiumwerke
Norf, 1964-65
Peter Sigmond
Stahlbeton
- OKAL-Verwaltungsgebäude
METASTADT-Bausystem
Lauenstein, 1972-73
R. Dietrich
Räumliches Vierendeelträger-System
Stahl

4. Bauten des Verkehrswesens

- U-Bahn-Kreuzungsbauwerk
Lübecker Straße
Hamburg, 1959-60
Horst Sandmann / F. Grundmann
5-Punkt-gelagerte Kugelkalotte
Stahlbeton
- Straßenbrücke
Dornap, 1964
Spannbeton
- Spannbetonbrücke
Karlsruhe, 1965
ARGE mit Fa. Gehlen
Spannbeton
- Fußgängerbrücken
Neue Stadt Wulfen
Wulfen, 1969-71
Entwicklungsges. Wulfen
Trogträger

• Fußgängerbrücke Nikolaiort
Osnabrück, 1981
Erich Schneider-Wessling
Stahl
• Nachtigallbrücke
Fußgänger- und Radwegbrücke
Witten, 1986-
Harald Deilmann
Räumliches Stabwerk
Stahl
• Tankstellendächer (Typenkonstrukt.)
Gasolin, BP, Esso, Shell
verschiedene Standorte, 1963-64
Stahlbeton-Fertigteil-Faltwerke,
zusammengespannt
• Überdachung - Fahrradabstellplatz
Essen-Überruhr, 1964
Josef Lehmbrock
Hautartige Rotationsschale
Spritzbeton
• Flughafen Tegel
Abfertigungsgebäude, Parkdeck
Berlin-Tegel, 1968-72, 1974
Meinhard v. Gerkan, Marg + Partner
Stahlbeton
• Bushaltestellen-Überdachung
Viehoferstraße
Essen, 1971
HP-Pilz-Schalen,
Glasfaserpolyester
• Fußgängerbrücke Westfalenhalle
Verb. zw. Halle VI und VII
Dortmund, Westfalenhalle, 1985-86
Fachwerkträger
Stahl
• Vorhallendächer Hauptbahnhof Köln
Köln, 1986-
Peter Busmann, Godfrid Haberer
Stabwerkschalen, Kreuzgewölbe
Stahl, Glas
• Stadtbahn-Überbauung
Reinoldikirche
Dortmund, 1987
Walter von Lom
Stahlpylon mit abgespannten
HP-Gitterschalen

5. Sozialbauten/Krankenhäuser

• Kreis-Krankenhaus (250 Betten)
Funktionstrakt/Bettenhaus
Brunsbüttelkoog, 1970-77
Georgije Nedeljkov
Stahlbeton
• Westfäl. Landeskrankenhaus WLK
Bettenhäuser/Zentralbau
Frönspert/Westfalen, 1974-75
Bruno Lambart + Partner
• Kita
Kindertagesstätte
Dortmund, 1979-80
Hochbauamt Dortmund,
Reinhart Klippel
• Humboldt-Krankenhaus, Hallendächer
Berlin-Reinickendorf, 1982
K. Tönies und Schroeter
Raumtragwerke Geobau-System
Stahl
• Frankziskus-Krankenhaus
Erweiterungsbau
Berlin-Tiergarten, 1985-86
Greschek, Kälberer, Kuhlen + Partner
• Kindergarten St. Hildegard
Köln-Nippes
Georg Gonsior
Holz
• Städtisches Krankenhaus Neukölln
Berlin-Neukölln, 1973-83, 1986
Josef Paul Kleihues
• Säufü Neukölln
Kindertagesstätte, Säuglingsfürsorge
Berlin-Neukölln, 1982-83
K. Jacoby, Martin, Pächter
• Hospitäer in El Fasher,
Kassala, Omdurman
Nord-Sudan, 1984-85
PSB General Contractor
Balkenartige Schalen
Stahlbeton

6. Industriebauten/Industrieanlagen

• Transportbandbrücken
Faltenbandsystem
Steinwerke Risse
Warstein/Westfalen, 1957-60
Rohrkonstruktion, Dreigurtbinder
Stahl

- Förderbrücken der RWG
Erlangen, 1962
- Siloanlage Fa. Rheinhold & Mahla
Düsseldorf, 1963
Stahl
- Pförtnerhauss Bayer-Werke
Leverkusen, 1965
Ringzellen (PUR), Aluminium-Spanten
Hatmoltopren
- Wartungshalle der Stadtreinigung
Hauptwerkstatt der BSR
Berlin-Tempelhof, 1970-78
Josef Paul Kleihues
Stahlbeton-Fertigteile
- Reaktor- und Werkstattgebäude
Technische Hochschule
Darmstadt, 1971-74
Gerd Fesel und Volker Ludwig
Stahlbeton-Fertigteile
- Halle Steinhaus
Shedhalle der Firma Steinhaus
Bergisch-Gladbach, 1960-61, 1962
Peter Neufert
Spannbeton-Fertigteile
- GLYCO-Halle
Shedhalle der GLYCO-Metallwerke
Wiesbaden-Schierstein, 1962-63
Fertigteil-Fachwerkbinder, -platten
Stahlbeton
- Halle Tummes
Lagerhalle für Glasgroßhandlung
Duisburg, 1964
Josef Lehmbrock, Stellmazyk
Spannbeton-Fertigteile
- Überdachung Abfüllstation
Farbenfabriken Bayer AG
Leverkusen, 1966
HP-Schale
Kunststoff, GFP
- Laboratorien und Versuchshallen
TH, Fakultät Maschinenbau
Darmstadt, 1971-74, 1978
Gerd Fesel und Volker Ludwig
Stabfaltwerk
Stahlrohr
Europäischer Stahlbaupreis 1978
- Versuchsgebäude Fa. Philips AG
Krefeld-Linn, 1973
Kugel-Schale
Kunststoff

- Zehnkammersilo mit Siebanlage
Steinwerke Risse
Warstein, 1982
- Doppelinstitut IPK-IFW, TU Berlin
Fraunhofer Gesellschaft
Berlin-Charlottenburg, 1982-85, 1986
Fesel, Bayerer, Hecker u. a.
Rundhalle mit Krananlage (3200 m^2)
Mehrgeschossiger Labortrakt in
Stahl-Stahlbeton-Verbund
Europäischer Stahlbaupreis 1987
- Werksanlagen der Firma B. Braun
Melsungen, 1987–
James Stirling, Michael Wilford
- Lagerhalle Heiligenhaus
Bundeswehr-Depot
Heiligenhaus, 1987–
Stahlbeton-Stützen
Stahl-Polonceau-Binder

7. Schulen, Universitäten

- Schule der Gartenfreunde
Berlin-Reinickendorf, 1970-72
Dorothea Haupt und Peter Haupt
Fertigteilstützen, -Dreiecksplatten
Stahlbeton
- Universität Bielefeld
Bielefeld, 1970-72
in ARGE mit Koolhaas + Partner
Stahlbeton-Fertigteile
- Modellschule Hüttental
Hüttental bei Siegen, 1972
P. Smrha, Schneider-Wessling
Stahlbeton
- Gesamtschule mit Mehrzweckhalle
Nürnberg-Langwasser, 1972-77
Gehrmannn, Koch, Krohn
Stahl-Stahlbeton-Verbund
- Schul- und Sportzentrum
Meckenheim-Merl, 1974-75
Bruno Lambart + Partner
Stahlbeton bzw. Stahl
- Gesamtschule Kronberg
Kronberg im Taunus, 1972-74, 1977
Gerd Fesel, Michael von Törne
Stahl-Stahlbeton-Verbundkonstruktion

- Berufsschulzentrum
Schule, Werkstätten, Sporthalle
Velbert, 1974–75, 1978
Bruno Lambart + Partner
Stahlbeton bzw. Stahl
- Wissenschaftskolleg Wallotstr.
Umbau
Berlin-Wilmersdorf, 1979–81
Peter Haupt
- Fachhochschule/Fern-Universität
Fern-Uni Hagen (I + II)
Hagen/Westfalen, 1977–85
Bruno Lambart + Partner
Stahlbeton-Fertigteil-Konstruktion
- Badische Landesbibliothek BLB
Karlsruhe (mit Schwarzwälder), 1981–
Oswald M. Ungers
Stahlbeton
- John-F.-Kennedy-Schule (2. Bauab.)
Schule mit Vierfach-Turnhalle
Berlin-Zehlendorf, 1985–87
Harald Deilmann
Stahlbeton-Fertigteile, Stahl

8. Sportstätten

- Tribüne des 1. FC Köln
Tribünendach und Tribüne
Köln, 1967
Hans Schulten
Fertigteil-Faltwerk
Stahlbeton
- Teilüberdachung
Olympiastadion Berlin
Berlin, 1971–72
F.-W. Krahe, K. Dübbers
MERO-Raumtragwerk
Stahl
- Sporthalle Kempen-Hüls
Dreifach-Sporthalle
Kempen-Hüls, 1973–74, 1978
Bruno Lambart + Partner
Stahl, Stahlbeton
- Ostseehalle Kiel, Hubtragwerk
Sport- und Mehrzweckhalle
Kiel, 1977
Walter Kuhn
Stab-Faltwerk System GEOBAU
Aluminium

- Tennishalle Bonn
Tennis Academy (WCT)
Bonn-Buschdorf, 1978–79, 1980
Société d'Etude Heckel
Holz-Brettschicht-Bögen
- Helmut-Körnig-Leichtathletikhalle
Bundesleistungszentrum
Dortmund, 1978–79
Hochbauamt der Stadt Dortmund
Klippel, Scheiding, Saitner
Stahlrohr-Dreigurtbinder
- Schwimmhalle Dorstfeld
Hallenbad
Dortmund-Dorstfeld, 1979–80, 1982
Reinhart Klippel
Holzfachwerk mit Stahl-Zugstäben
- Sporthalle Dreieich
Dreieich-Sprendlingen, 1980–81
Gerd Fesel + Partner
Stahl
- Strandbad Wannsee
Sanierung/Instandsetzung
Berlin-Zehlendorf, 1983–86
- Dreifachsporthalle am Südbahnhof
Frankfurt/Main, 1987
von Hoessle
unterspannte Hohlkastenträger
Stahl

9. Kirchen, Sakralbauten

- Kirche St. Mariä Himmelfahrt
Düsseldorf-Unterbach, 1963–64
Josef Lehmbrock
HP-Schalen
Stahlbeton
- Kirche St. Hedwig
Oberursel, 1963–65
Heinz Günther
Bogenartige Schalen
Stahlbeton
- Kirche St. Suitbert
(Umbau)
Solingen, 1963
Josef Lehmbrock
- Kirche St. Pius
Krefeld-Gartenstadt, 1966–67
Josef Lehmbrock
HP-Schalen (4)
Holz (3 Brettlagen)

- Kirche St. Josef
Neuss-Weckhofen, 1966-67
Fritz Schaller
Stahlbeton-Faltwerk
- Kapelle des Exerzitienhauses
Pallottinerinnen-Orden
Limburg, 1970
Walter Neuhaus
HP-Schalen (3)
Holz (2 Brettlagen)
- Kirche St. Suitbert
Essen-Überruhr, 1964-65
Josef Lehmbrock
bogenartige HP-Schale m. freiem Rand
Stahlbeton
- Kapelle St. Rita im Severinskloster
Köln, 1964-65
Georg Gonsior
HP-Schalen (3) über Rautengrundriß
Holz (2 Brettlagen)
- Kirche Heilig-Kreuz
Leverkusen-Rheindorf, 1966-67
Josef Lehmbrock
Stahlbeton-Fertigteile, verglast
- Kirche Heerlen
Heerlen/Niederlande, 1967-68
Peter Sigmond
räumliches Stabwerk
Holz
- Trauerhalle
Obertiefenbach bei Limburg, 1968-69
Walter Neuhaus
bogenartige Schale m. freiem Rand
Stahlbeton
- Kirche mit Gemeindezentrum
Wuppertal-Cronenberg, 1967
Fritz Schaller
Holz
- Kirche, Sakristei, Pfarrsaal,
Gruppenraum, Garagen
Köln-Seeberg, 1970
Fritz Schaller
Trägerrost mit Stahlbeton-Fertigteilen
- Wallfahrtszentrum Kevelaer
Kirche, Gemeindezentrum
Kevelaer, 1978-80, 1981
Harald Deilmann
Holzfachwerkbinder
Holz, Mauerwerk

- Kirche St. Remigius
Pfarrheim, Kindergarten
Wuppertal-Sonnborn, 1970-74
Fritz Schaller
zusammengesetzte Stahlbeton-Schalen

10. Ausstellungsbauten, Museen

- Keramion Frechen
Galerie für Keramik
Frechen bei Köln, 1970-71
Peter Neufert
hautartige Stahlbeton-Schale
- Ausstellungspavillon
Kunststoffmesse.
1971
Kugelschale
aus GUP-Sandwich-Elementen
- Ausstellungshalle BUGA
Bundesgartenschau 1979
Bonn, 1978-79
Intamin AG, Schweiz
punktgestützte Rippenkugel-Schale
Stahl
- Museum f. Kunst- und
Kulturgeschichte
(früher: Stadtsparkasse)
Dortmund, 1982-84
Werner Lehmann und Partner
Stahl-Fachwerkträger
- Landesmuseum f. Technik u. Arbeit
Süddeutscher Rundfunk LTAM
Mannheim, 1983-
Ingeborg Kuhler
Stahl-Stahlbeton-Verbund
- Kunstmuseum Bonn
Bonn
mit Stettner u. Wald
Spitzley und Jossen, 1985-
Stahlbeton
Banger, Jansen, Scholz, Schultes
- Pavillons dt. Industrieausstellung
Sao Paulo / Brasilien, 1970-71
Georg Lippsmeier + Partner
Kugelschalen aus GUP-Elementen
- Ausstellungshalle Fa. CIBA
Basel, 1972
Kugelkuppel aus GUP-Elementen

- Galleria Messe Frankfurt
Frankfurt/Main, 1981–83
Oswald M. Ungers
Stabwerk-Tonnenschale, Portalrahmen
Holz, Stahl
- Deutsche Leistungsschau Japan '84
Ausstellungshalle
Tokio / Japan, 1983–84
Georg Lippsmeier + Partner
Gewebe, Stahl
- Westfalenhalle VI Ausstellungshalle
Dortmund, 1984
Funke/Klippel/Polónyi
Stahl-Polonceau-Binder
- Tecta-Halle (Prototyp)
mit variabler Funktion
Lauenförde, 1985–86
Stefan Wewerka
Stahl, Glas
- Eingangsgebäude Messehalle I
Messe Frankfurt
Frankfurt/Main, 1986–
Helmut Jahn
Stahl-Stabfaltwerk
- Bundeskunsthalle
Bonn, 1987–
Gustav Peichl
Stahlbeton
- Tecta-Halle
Dokumenta Kassel, 1987
Stefan Wewerka
Stahl, Glas

11. Versammlungsstätten

- Spielbank Hohensyburg
Spielkasino / Restaurants
Dortmund-Hohensyburg, 1983–84, 1985
Harald Deilmann
Stahlbeton, Stahl
- Nederlands Danstheater
Den Haag, Spui, 1982–86, 1987
OMA, Rem Koolhaas
Stahl

12. Sonstige Bauten

- Kläranlage
Rottenburg/Hannover, 1965–66
Stahlbeton-Rotationsschalen

Ingenieurbüro für Bauwesen

1957–1963
Köln
Dipl.-Ing. Stefan Polónyi

1963–1965
Köln
Dipl.-Ing. Stefan Polónyi
Dipl.-Ing. Richard von Kalmar

1965–1972
Köln, Berlin ab 1966
Prof. Dipl.-Ing. Stefan Polónyi
Dipl.-Ing. Richard von Kalmar

1972–1975
Berlin, Köln
Prof. Dipl.-Ing. Stefan Polónyi
Dipl.-Ing. Richard von Kalmar
Dipl.-Ing. Herbert Fink
Dipl.-Ing. Peter Koch

1975–1981
Berlin, Köln
Prof. Dipl.-Ing. Stefan Polónyi
Dipl.-Ing. Herbert Fink
Dipl.-Ing. Peter Koch

ab 1981
Berlin, Köln
Ingenieurbüro für Bauwesen
Prof. Polónyi und Fink GmbH

Bei Fragen zur Produktsicherheit wenden Sie sich bitte an:
If you have any questions regarding product safety,
please contact:

Birkhäuser Verlag GmbH
Im Westfeld 8
4055 Basel, Schweiz
productsafety@degruyterbrill.com